고감사를 아시나요

감사합니다(나해)

고감사를 아시나요

감사합니다(나해)

교회인가 2023년 10월 24일(안동교구 2023-4)

1판 1쇄 발행 2023년 11월 10일

저자 정상업

교정 주현강   **편집** 문서아   **마케팅·지원** 김혜지

펴낸곳 (주)하움출판사   **펴낸이** 문현광

이메일 haum1000@naver.com   **홈페이지** haum.kr
블로그 blog.naver.com/haum1000   **인스타그램** @haum1007

ISBN 979-11-6440-464-3 (03230)

좋은 책을 만들겠습니다.
하움출판사는 독자 여러분의 의견에 항상 귀 기울이고 있습니다.
파본은 구입처에서 교환해 드립니다.

정상업 신부 주일 강론집

고감사를 아시나요

감사합니다 나해

목차

부록

히아신스의 꽃말처럼

《고감사를 아시나요》라는 제목으로 강론집을 내는 정상업(바오로) 신부님께 축하와 격려를 드립니다. '고.감.사.'가 무엇인지 처음엔 어리둥절했습니다만, "고맙습니다! 감사합니다! 사랑합니다!"라는 준말임을 강론 표지를 통해서 알았습니다. 정말로 우리의 삶은 언제나 '고.감.사.'가 되어야지요. 아마 신부님의 삶이 항상 '고.감.사.'였기 때문에 강론 제목을 그렇게 정했다고 생각합니다.

 무엇보다도 강론마다 적절한 예화를 통해서 신자들이 잘 알아들을 수 있도록 해 주심에 감사를 드립니다. 강론은 주님의 말씀을 잘 이해하고 받아들일 수 있도록 적절한 예화를 든다는 것이 결코 쉬운 일이 아닙니다만, 신부님께서는 강론마다 예화를 들어 주셨습니다. 그렇게 해 주심으로써 신자들에게 복음을 잘 이해하고 받아들이는 데 한결 쉽게, 접근할 수 있는 길을 열어 주고 있습니다. 더 나아가 찡하게 울림을 주는 감동까지 안겨 주니 더욱 고마운 일입니다. 이 강론집을 통해서 누구나 영적으로 성장할 수 있고 영적인 나눔의 계기가 되기를 바라면서 누구나 히아신스의 꽃말처럼, '사랑하는 행복', '사랑의 기쁨', '내 마음에 당신의 사랑이 머물러 있습니다.', '영원한 사랑'을 맘껏 체험하고 누리실 수 있는 계기가 되면 참으로 좋겠습니다.

형제자매 여러분, 히아신스꽃을 모두 다 아시지요. 히아신스는 백합과의 식물로 그윽하고 은은한 향기가 감미로워 많은 분에게 사랑받는 꽃 중 하나라고 합니다. 혹시 히아신스의 꽃말을 아십니까? 그 꽃말은 색깔별로 다른데, 백색(하얀색) 히아신스는 '사랑하는 행복', 청색(파란색) 히아신스는 '사랑의 기쁨', 적색 히아신스는 '내 마음에 당신의 사랑이 머물러 있습니다.', 보라색 히아신스는 '영원한 사랑'이라고 합니다. 형제자매 여러분, 보라색 히아신스의 꽃말인 '영원한 사랑'을 사기 위해 우리는 어떻게 해야 하겠습니까? 그 해답은 성녀 마더 테레사 수녀님이 봉사하셨던 인도의 콜카타 봉사자 사무실에 걸려 있는 다음 글귀가 말해 줍니다.

"만약 그대가 두 개의 빵을 갖고 있다면 하나는 가난한 이에게 내주고, 또 하나는 그 빵을 팔아 히아신스를 사십시오. 그대의 영혼을 사랑으로 사기 위해." 아멘!

– 대림 제3주일 가해 자선 주일 강론에서

고맙습니다! 감사합니다! 사랑합니다!

23년 11월 대림 제1주일에
천주교 안동교구 전임교구장 **두봉(레나도) 주교**

고맙고 감사하고 사랑합니다

정말 "하느님 아버지, 고맙습니다! 감사합니다! 사랑합니다!"라는 말밖에 드릴 것이 없는 것 같습니다. 그런 의미에서 강론집 제목을 《고, 감사를 아시나요?》로 정했습니다. 사제는 죽는 날까지 고.감.사. 생활을 해야 한다고 생각합니다. 역시 신앙인의 삶도 고.감.사.를 알고 항상 고.감.사.의 삶을 산다면 삶이 온통 달라지고 풍요롭게 될 것입니다.

정상업(바오로) 신부님이 40여 년의 세월 동안 사제로서 봉사하며 사셨던 일선 사목 현장을 떠나는 원로 사목자(은퇴 사제)의 삶을 준비하면서 하시는 말씀입니다. 참으로 멋있는 말씀입니다! 지난 삶을 마무리하시고 또 다른 새로운 삶을 준비하시는 정 신부님에게, 저도 같은 말씀으로 저의 마음을 전하려 합니다.

"사랑하고 존경하는 정상업(바오로) 신부님, 고맙고, 감사하고 사랑합니다!"

정 신부님께서 지난 사제의 삶을 정리하고 잘 마무리하시겠다는 의미에서 강론집(가·나·다해)을 내시니 정말로 고맙고 진심으로 축하드립니다. 여기에는 신부님의 따뜻한 마음도 함께 하고 있기에 또한 감사하고 사랑합니다. 신부님의 강론 말씀을 통해서 우리는 하느님도 만나고 신부님도 만나게 될 것입니다. 하느님의 말씀은 살아 있고 힘이 있다는 성경 말씀(히브 4,12 참조)에 따라, 한 사제의 하느님 말씀의 선포인 강론 말씀에도 놀라운 힘이 작용하고 있다고 우리는 믿고 있습니다. 그러므로 우리가 정 신부님의 강론 말씀에서 영감을 받고 도움을 받아 말씀의 의미를 새롭게 깨닫고 그 말씀을 마음에 새기며 각자가 새로운 삶을 살 수 있다면, 그것은 말씀 덕분에 우리가 함께 누릴 수 있는 하느님의 은총과 축복의 복된 삶이 아닐까 생각합니다. 이것이 정 신부님의 강론을 읽고 묵상하는 우리 독자들의 간절한 바람이며 축복이 아닐까 생각합니다.

《고감사를 아시나요?》 정상업(바오로) 신부님의 주일 강론집(나해), 이 책을 펼치며 말씀의 복된 여정에 함께하시는 여러분 모두에게 하느님의 큰 축복이 함께하길 기도합니다.

"고맙고, 감사하고 사랑합니다!"

2023년 12월 1일
천주교 안동 교구장 **권혁주**(요한 크리소스토모) **주교**

✠ 권혁주

고.감.사.

고맙습니다! 감사합니다! 사랑합니다!

참으로 세월이 많이 흘렀습니다. 엊그제 사제가 된 것 같은데, 이제 모두 다 내려놓고 은퇴해야 할 시간이 되었나 봅니다. 무척 아쉬움이 많습니다. 40여 년 세월 동안 사제로서 지내게 된 것은 무엇보다 하느님의 은총이었습니다. 한마디로 '고.감.사. 해야 할 일이 아닌가?'라고 생각합니다. 정말 "하느님 아버지, 고맙습니다! 감사합니다! 사랑합니다!"라는 말밖에 드릴 것이 없는 것 같습니다. 그런 의미에서 강론집 제목을 《고감사를 아시나요?》로 정했습니다. 아마 사제는 죽는 그날까지 '고.감.사. 생활을 해야 한다.'라고 생각합니다. 역시 신앙인의 삶도 고.감.사.를 알고 항상 고.감.사.의 삶을 산다면 삶이 온통 달라지고 풍요롭게 될 것입니다.

그동안 사제가 되어 강론대에 선다고 섰지만, 처음엔 몹시 두렵고 떨렸습니다. 한 해, 한 해 살아오면서 강론이라고 하는 것이 그렇게 만만한 것이 아님을 절실히 깨닫고 실감했습니다. 하느님 말씀의 선포는 힘이 있어야 하고 쉽게 알아들을 수 있도록 해야 하는데, 언제나 하고 나면 부족함을 느끼곤 했습니다. 그래서 항상 하느님 아버지께 죄송하고 신자들에게 더욱 미안했습니다. 그래도 말씀하시는 분은 그분이시고 성령이 역사하심을 생각함으로써 스스로 위안이 되었습니다.

그동안 강론한 것들을 '정리한다. 한다.'라고 하면서 차일피일 미루다 이제야 겨우 은퇴를 앞두고 지난해 강론집 '사랑합니다(다해)'부터 다시 정리, 편집해 강론집을 냈지만 부족한 것이 대단히 많습니다. 그리고 올해 연말에는 강론집 '고맙습니다(가해)'와 함께 '감사합니다(나해)', 이렇게 《고감사를 아시나요?》 가, 나, 다해 강론집을 모두 마무리하면서 유종의 미를 거두고 싶습니다.(2024년 9월 1일 은퇴 예정)

더불어 이 강론집을 내는 데 격려사를 친히 써 주신 현 안동 교구장 권혁주 주교님과 전임교구장 두봉 주교님께 진심으로 감사를 드립니다. 또한, 특별히 표지 그림을 정성스럽게 아주 예쁘게 그려준 주 뻬르뻬뚜아 수녀님께도 아울러 감사드립니다. 그리고 그동안 저를 위해서 기도해 주신 성직자, 수도자, 교형자매 여러분과 가족 그리고 모든 분에게 진심으로 고개 숙여 감사드립니다.

고맙습니다! 감사합니다! 사랑합니다!

2023년 대림 제1주일에
풍기성당 주임신부 **정상업(바오로)**

대림 시기

하느님의 작품인 사람

형제자매 여러분, 창세기 1,1이 무슨 말씀인지 알고 계십니까? 창세기 1,1은 "한 처음에 하느님께서 하늘과 땅을 창조하셨다."입니다. 창세기의 요지는 이 세상 만물의 기원은 하느님의 창조로 이루어졌다는 것입니다. 곧 하느님은 이 세상 만물을 창조하신 창조주이심을 밝히고 있습니다. 하여튼 하느님께서는 말씀으로 이 세상 모든 만물을 창조하시고 "보시니 좋더라."라고 말씀하셨습니다.

하느님께서 마지막으로 사람을 진흙으로 빚어 만드셨는데, 사람을 진흙으로 만들어 옹기처럼 하느님께서 구우셨답니다. 굽다가 너무 구워 새카맣게 타서 흑인이 탄생했답니다. 처음엔 이렇게 하느님께서 사람을 만드실 때 실패하셨습니다. 두 번째는 첫 번째 굽다가 새까맣게 탄 것을 기억하면서 살짝 구웠습니다. 그런데 너무 덜 구웠기 때문에 이번에는 백인이 탄생했답니다. 이렇게 사람 옹기를 굽는데, 두 번째도 실패했습니다. 하느님께서 이렇게 굽다가 안 되겠다 싶어 이번에는 바짝 신경을 써서 놀놀하게 알맞게 꾸었습니다. 이렇게 해서 황인이 탄생했답니다. 형제자매 여러분, 그러니까 황인종이 최고다! 맞습니까? 이건 농담입니다. 그래서 그런지 인도의 시성 타고르는 한국을 '동방의 등불'이라고 말했습니다.

형제자매 여러분, 왜 이런 이야기를 하는가 하면, 오늘 제1독서에서 이사야 예언자는 죄를 지은 우리 때문에 하느님께서 하늘을 찢고 내려오시어 진노하셨음을 말씀하십니다. "그러나 주님, 당신은 저희 아버지십니다. 저희는 진흙, 당신은 저희를 빚으신 분, 저희는 모두 당신 손의 작품입니다."(이사 64,7) 이렇게 사람은 당신이 진흙으로 빚으신 '하느님의 작품'이라는 것입니다. 참으로 오묘하게, 흑인, 백인, 황인, 모두 다 개성 있게 만드셨습니다. 형제자매 여러분, 한번, 옆 사람 얼굴을 보십시오. 똑같은 사람은 한 사람도 없고 참으로 오묘하게 잘생겼고 예쁩니다. 진짜 하느님의 작품입니다. 처음에 하느님의 작품인 사람을 만드셨을 때는 모두 깨끗하게, 죄도 없게 만드셨을 것입니다. 그러나 지금은 너무 사람이 죄로 오염되어 더러워졌습니다. 그래서 우리는 하느님의 첫 작품대로 원상 복구를 해야 하겠습니다. 곧 대림절을 맞이해서 우리 몸과 마음을 깨끗이 닦고 정비해야 하겠습니다. 이렇게 대림절은 하느님의 작품인 사람들에게 있어서 애프터서비스(After-Service) 주간입니다. 이 애프터서비스를 잘 하기 위해서 어떻게 해야 하겠습니까? 차량은 정비하기 위해서 정비소에 가야 하듯 사람도 정비소에 가야 합니다. 그러기 위해서 판공성사를 봐야 합니다. 형제자매 여러분, 이 '판공'이 무엇입니까? 판공은 '심판 신공(審判 神功)'의 준말입니다. 즉, 판공은 심판을 받기 위해서 신공(神功)을 드리는 것을 말합니다. 신공(神功)은 기도와 선을 쌓는 것을 말합니다.

사람은 새롭게 정비하기 위해서 첫째 회개해야 합니다. 잘못된 마음을 바로잡고 그릇된 길에서 하느님께로 돌아가야 합니다. 그러기 위해서 고해성사를 봐야 합니다. 더 나아가서 자신과 이웃을 위해서 기도하고 선을 행하고 자선을 베풀어야 합니다. 더 나아가 희생과 봉사로 덕을 쌓아야 합니다. 또한, 하느님의 말씀인 성경을 읽고 묵상하며 공부함으로써 하늘나라에 보화를 쌓는 지혜를 터득해야 합니다. 이런 모든 업적을 하느님의 앞에서 받는 심판처럼 미리 이 세상에서 예행연습을 하는 것이 바로 '판공성사'인 것입니다.

형제자매 여러분, 하느님의 심판을 받는 날, 그날이 언제인지 아무도 모릅니다. 또한, 주님이 재림하실 날이 언제인지도 아무도 모릅니다. 그러므로 우리는 "너희는 조심하고 깨어 지켜라. 그때가 언제 올지 너희가 모르기 때문이다."(마르 13,33)라는 오늘 복음 말씀을 명심하면서 기도와 선행으로 공로를 미리 쌓는 현명한 신앙인이 되어야 하겠습니다. 이렇게 해서 하느님의 작품인 사람을 재정비하고 검사해야 하겠습니다. 차량은 정비 검사 기간이 있습니다만, 사람은 그 기간을 모르니까 깨어 준비해야 하겠습니다.

오늘부터 교회는 대림절을 시작합니다. 대림절을 맞이해서 우리가 첫째로 할 일이란 우리를 위해 오시는 주님을 기쁘게 맞이하는 일입니다. 대림절이란 기다림의 시기입니다. 누구를 기다리는가 하면 인류를 구원하기 위해서 오시는 예수님을 희망과 기쁨으로 기다리는 시기입니다. 그에 맞는 준비로 '하느님의 작품'인 사람을 보시니 좋더라고 말할 수 있도록 재정비해야 하겠습니다. 참 그 작품 좋다. 어디 나무랄 데가 한 곳도 없다. 곧, 사랑의 사람, 공로로 축적된 사람, 자선과 봉사로 다져진 사람, 기도의 사람 등등 골고루 정비해서 진가를 발휘할 수 있는 사람이 되어야 하겠습니다.

"너희는 조심하고 깨어 지켜라. 그때가 언제 올지 너희가 모르기 때문이다."(마르 13,33) 아멘!

고속도로를 내어라!

요즘 전국 어디를 가든지 무척 빨라졌습니다. 고속도로가 사방팔방으로 뚫려 있기 때문입니다. 고속도로는 가능하면 굽은 길을 곧게 내고 높은 산이 있으면 옛날에는 깎아내렸지만, 요즘은 터널을 뚫고 계곡은 메우는 것이 아니라 다리를 세워 건너가게 합니다.

형제자매 여러분, 오늘 복음 말씀은 마르코 복음 1장 1절부터 시작됩니다. 마르코 복음 1장 1절이 무엇이지요? "하느님의 아드님 예수 그리스도의 복음의 시작." 이렇게 아주 간결한 말씀으로 시작합니다. 그러면서 이사야 예언자의 말씀을 예로 듭니다. "보라, 내가 네 앞에 내 사자를 보내니 그가 너의 길을 닦아 놓으리라. 광야에서 외치는 이의 소리. '너희는 주님의 길을 마련하여라. 그분의 길을 곧게 내어라.' 하고 기록된 대로, 세례자 요한이 광야에서 나타나 죄의 용서를 위한 회개의 세례를 선포하였다."(마르 1,2-4)라고 합니다. 그 요지는 "너희는 주님의 길을 마련하여라. 그분의 길을 곧게 내어라."라는 것입니다. 역시 오늘 제1독서 이사야 예언서의 말씀을 보면 확실하게 알아들을 수 있습니다. "너희는 광야에서 주님의 길을 닦아라. 우리 하느님을 위하여 사막에 길을 곧게 내어라. 골짜기는 모두 메워지고, 산과 언덕은 모두 낮아져라. 거친 곳은 평지가 되고, 험한 곳은 평지가 되어라."(이사 40,3-4) 이렇게 이사야 예언자는 "사막에 주님의 길을 닦아라."라는 것입니다. 골짜기는 메우고, 높은 산은 깎아내리고 울퉁불퉁한 곳은 평탄 작업을 하라는 것입니다. 곧 주님이 오시도록 고속도로를 내라는 것입니다. 마음의 고속도로를 내라는 것입니다.

형제자매 여러분, 고속도로를 내기 위해서 먼저 어떤 작업을 해야 하겠습니까? 우선 측량을 해서 첫째, 굽은 길은 곧게 내야 합니다. 그렇다면 마음의 굽은 길은 어떤 것이 있겠습니까? 곧 삐딱한 마음을 말합니다. 시기하고 질투하는 마음, 남을 모함하고 거짓말을 하거나 이간질을 하거나 남을 험담하는 마음, 자기만을 아는 편협하고 이기주의적인 마음을 말합니다. 이런 삐딱한 굽은 마음들을 똑바로 곧게 만들라는 것입니다.

둘째, 고속도로를 내기 위해서는 높은 산은 깎아내려야 합니다. 요즘은 높은 산을 깎아내리지 않고 터널을 뚫습니다만, 내 마음의 높은 산을 깎아내리라는 것입니다. 주님이 오시는 데 방해되기 때문입니다. 오만과 교만의 산을 깎아내리라는 것입니다. "교육도 못 받았으면서, 돈도 없으면서. 잘나지도 못하면서." 하고 "남을 무시하는 교만한 마음, 오만한 마음을 깎아내려 겸손의 삶을 살라."라는 것입니다. 요즘은 산을 깎아내리지 않고 터널을 뚫습니다만, 이런 교만의 마음과 잡다한 욕심으로 가득 찬 마음에 터널처럼 구멍을 뻥 뚫어 비우라는 것입니다. 나는 그분의 신발 끈을 풀어 드릴 만한 자격도 없는 사람이라고 자처한 세례자 요한처럼 겸손한 삶을 살라는 것입니다.

그리고 셋째로, 고속도로를 내기 위해서는 깊은 골짜기는 메워야 합니다. 이것은 깊은 원한의 골짜기를 말합니다. 용서하지 못하는 마음, 어디 두고 보자. 이렇게 벼르고 사는 것, 내 눈에 흙이 들어가기 전에는 절대로 용서 못 한다는 원한의 골짜기를 말합니다. 이런 깊은 골짜기들은 화해와 용서로 메워야 합니다.

넷째로 고속도로를 내기 위해서는 마지막으로 평탄 작업을 해야 합니다. 불퉁불퉁한 곳은 잘 골라 평탄 작업을 하고 또 다지고 다져 아스팔트나 콘크리트를 깔아야 합니다. 마음의 터 닦기 작업입니다. 곧 나태한 마음 때문에, 그동안 미뤄 두었던 지저분한 곳을 청소하라는 것입니다. 열심 없이 무미건조한 삶을 사는 사람들은 새로운 마음가짐으로 신앙을 굳건히 다져 새 출발을 하라는 것입니다. 울퉁불퉁한 못된 심보를 평탄하게 골라야 한다는 것입니다. 더욱이 자기 자신만을 알고 이웃에게 무관심했던 삶을 사랑의 삶으로 다져 평탄 작업을 하라는 것입니다.

형제자매 여러분, 이렇게 굽은 길은 똑바로 내고, 높은 산은 깎아내리고 골짜기는 메우고, 불퉁불퉁한 길은 평탄 작업을 하는 것을 한마디로 무엇이라고 할 수 있겠습니까? 회개입니다. 회개란 마음을 고쳐먹는 것입니다. 심보를 바꾸는 것입니다. 방향을 바꾸는 것입니다. 그동안 자기중심에서 다른 사람 중심으로, 곧 이기주의에서 이타주의적인 삶으로 방향을 바꾸는 것입니다. 그동안 자기중심에서 이제는 하느님 중심으로 방향을 바꾸라는 것입니다. 바빠서 미사 참여할 시간, 기도할 시간이 없다는 사람은 하느님의 일, 기도하는 일, 성당 일을 첫 번째로 하고 그다음 시간을 할애하라는 것입니다. 교무금이나 헌금할 돈이 없다고 하지 마시고 하느님 몫을 먼저 챙겨 놓고 그 나머지로 계획하고 생활하라는 것입니다.

형제자매 여러분, 대림절을 지내면서 주님께서 우리의 구원을 위해서 막 달려오실 수 있도록 마음의 고속도로를 냅시다! 주님이 편안하게 내 마음의 고속도로를 타고 오실 수 있도록 깨어서 회개의 삶으로 정비합시다! 그렇게 함으로써 내 마음의 촛불을 환히 밝혀 들고 기쁨으로 구원자이신 예수님을 맞이합시다!

"너희는 주님의 길을 마련하여라. 그분의 길을 곧게 내어라."(마르 1,3)
아멘!

착각에 빠진 당나귀

우리나라 단편소설 중에 주요섭 선생이 지은 〈아네모네 마담〉이라는 작품이 있습니다. 다방 아네모네의 마담 영숙이가 착각에 빠진 내용입니다. 언젠가부터 이 다방에 대학생이 매일 찾아와서는 구석진 곳에 앉아 카운터에 앉아 있는 마담을 뚫어져라 바라봅니다. 또 언제나 미완성 교향곡을 신청해서 듣는 것입니다. 마담 영숙이는 '아 저 대학생이 나에게 연정을 품고 있구나.' 이렇게 착각을 하고 있었습니다. 그러나 사실 대학생은 영숙이가 앉아 있는 카운터 벽에 걸린 〈모나리자〉 그림에 푹 빠져 있었던 것입니다. 왜냐하면, 그는 교수 부인과 이루어질 수 없는 사랑의 상처를 입었던 것입니다. 그 교수 부인이 이 다방에 걸린 〈모나리자〉를 너무나 닮았기에 날마다 찾아와 바라보며 연정을 불태운 것입니다. 그것도 모르고 아네모네 다방 마담 영숙이는 대학생이 자기를 사랑한다는 착각에 빠졌습니다. 이를 어찌하면 좋겠습니까?

형제자매 여러분, 여러분도 혹시 젊었을 때 이런 착각에 빠진 적이 있으십니까? "착각은 자유다."라는 말도 있듯이 사람들은 살아가며 가끔 아네모네 마담처럼 착각하면서 살아갑니다. 또한, 《이솝우화》에도 이런 내용이 있습니다.

자신이 제일 힘이 세고, 잘났다고 생각하는 당나귀가 있었습니다. 무엇이든 아무리 무거워도 자신은 다 지고 갈 수 있다고 생각했습니다. 어느 날 그는 주인을 따라 아폴로 신전에 세울 신의 왕인 제우스상을 등에 싣고 옮기게 되었습니다. 그런데 제우스상을 등에 싣고 가니 사람들이 길 양쪽으로 비켜서고 두 손을 모으고 공손히 허리를 굽혀 인사를 하기 시작했습니다. 그러자 당나귀는 자신에 대한 존경의 표시로 사람들이 머리를 숙인다고 생각했습니다. 가는 곳마다 허리를 굽히고 절을 하니 당나귀는 우쭐해졌습니다. "힘이 세고 잘났으니 모두 나에게 절을 하고 인사를 하는구나!" 하고 가다가 잠시 멈추어 섰습니다. 이때 사람들은 가까이 모여들어 구경하며 허리를 굽혀 인사까지 했습니다. 당나귀는 기분이 아주 좋았습니다. 그래서 당나귀는 자신이 마치 신이라도 된 듯 착각에 빠져 당나귀는 우쭐해진 마음에 크게 울부짖으며 오만한 자세로 이제 더 걷지 않으려고 했습니다. 이런 당나귀를 본 마부는 당나귀의 등을 채찍으로 힘껏 내리치며 한심하다는 듯이 소리쳤습니다. "야, 이 미련한 당나귀야, 착각하지 마라. 사람들이 너보고 길을 비켜서고 공손히 절을 하는 줄 아느냐? 네 놈의 등에 실린 제우스 신상을 보고 허리를 굽혀 인사하는 것이다. 빨리 가자, 이놈아!" 하면서 마부는 다시 채찍을 힘껏 내리쳤습니다.

　형제자매 여러분, 어떻게 생각하십니까? 착각은 자유라지만 이렇게 우리는 당나귀처럼, 착각에 빠지곤 합니다. 만약에 오늘 복음에 나오는 세례자 요한이 착각에 빠져 주인공이신 예수님의 행세를 했다면 어떻게 되었겠습니까? 그러나 세례자 요한은 그렇게 하지 않았습니다. "그는 증언하러 왔다. 빛을 증언하여 자기를 통해 모든 사람이 믿게 하려는 것이었다. 그 사람은 빛이 아니었다. 빛을 증언하러 왔을 따름이다."(요한 1,7-8)라고 오늘 복음에서 분명히 밝혔습니다. 세례자 요한은 빛이 아니라 빛이신 주인공 예수님을 증언하는 조연, 엑스트라라는 것입니다. 그러면 당신은 누구요? "'나는 그리스도가 아니다. 예언자도 아니다. 주님의 길을 곧게 내어라.' 하고 광야에서 외치는 이의 소리다!"(요한 1,19-23 참조) "임금님이 행차하신다. 길을 비켜라!" 이렇게 외치는 이의 소리에 불과하다는 것입니다. 나는 물로 세례를 주지만 내 뒤에 오시는 분은 성령으로 세례를 주시는 분이시다. 그분은 "보라, 하느님의 어린양, 세상의 죄를 없애시는 분이시다."(요한 1,29)라고 하면서 자기를 따르던 제자들을 예수님에게로 보냈습니다. 그 당시에 영웅 같은 존재였지만, "나는 그분의 신발 끈을 풀어 드릴 만한 자격도 없는 사람이다."(요한 1,27) "그분은 커지셔야 하고 나는 작아져야 한다."(요한 3,30) 이렇게 겸손하게 말하고 그 말대로 행동하신 분이십니다. 주인공이신 예수님을 위해서 전적으로 조연, 엑스트라의 삶을 사신 아주 훌륭하고 아름다우신 분이십니다. 어느 누가 이 세상에 주인공이 되고 싶지 않은 사람이 있겠습니까? 세례자 요한도 아마 잘못 생각했다면 조금 전에 말씀드린 〈아네모네 마담〉처럼, '착각에 빠진 당나귀'처럼 나락으로 떨어지는 신세가 되었을 것입니다.

형제자매 여러분, 오늘 대림 3번째 주일을 맞이해서 우리는 우리 인생에 있어서 주연이 아니라, 조연, 엑스트라라는 사실을 확실하게 깨달아야 할 것입니다. 우리는 주인공이 아니라 주인공이신 예수님을 빛나게 하는 조연임을 생각해야 하겠습니다. 특별히 세례자 요한과 같은 자세로 '그분은 커지셔야 하고 나는 작아져야 할 존재'로서 어떻게 조연의 임무를 충실히 수행할 수 있는지 대림절을 통해서 열심히 묵상해 봐야 하겠습니다.

특히 오늘 자선 주일을 맞이하여 주님의 사랑을 잘 실천하기 위해서, 더욱더 주님을 돋보이도록, 어려운 이웃들에게 따뜻한 사랑을 나누어야 하겠습니다. 어려운 처지에 있는 사람들에게 해 준 것이 바로 주님께 해 드린 것이기 때문입니다. 결코, 자기가 잘나서, 뭔가 많이 알고 유식해서, 재산이 많고 부자라서가 아니라, 어떻게 생각하면 풀잎에 맺힌 이슬방울처럼, 한 줄기 연기처럼 사라질 존재입니다. 결코, 당나귀처럼 착각에 빠지는 우를 범하지 말아야 하겠습니다. 분명히 세례자 요한처럼 주님과 이웃을 위해서 길을 닦고 청소하는 사람, 주연보다도 조연의 아름다움을 아는 사람이 많을 때 본당은 발전할 것입니다. 내가 돋보이지 않아도 본당을 위해서 희생과 헌신을 할 수 있는 사람이 많을 때 참 하느님이 보시기에 좋은 공동체가 될 것입니다. 곧 우리의 삶은 오늘 제2독서의 바오로 사도의 말씀처럼 "언제나 기뻐하십시오. 끊임없이 기도하십시오. 모든 일에 감사하십시오."(1테살 5,16) 이렇게 사는 삶이 바로 신앙인의 삶이라는 것을 명심해야 하겠습니다.

> "언제나 기뻐하십시오. 끊임없이 기도하십시오. 모든 일에 감사하십시
> 오."(1테살 5,16) 아멘!

마리아의 응답은 신앙인의 모토

　세상엔 불가능한 일들이 대단히 많습니다. 옛날엔 생각하지도 못했던 일들이 이젠 가능하게 된 것들도 많습니다. 예를 들면 간 이식 수술이나, 심장 이식 수술 같은 것입니다. 그러나 이러한 것들이 옛날에는 어려운 일이었을지 몰라도 불가능한 일은 아니었다는 것을 우리는 최근 한국의 심장 이식 현황에서 확인할 수 있습니다.

　형제자매 여러분, 세계 최초로 심장 이식 수술이 언제 있었는지 알고 계십니까? 이 심장 이식 수술은 1967년 12월 13일 남아프리카공화국의 크리스티안 바너드는 케이프타운에 있는 그루트 슈어 병원에서 최초로 사람을 대상으로 심장 이식을 했습니다. 그의 성공 이후 많은 다른 의료센터에서도 뒤따라 시도하여, 그 뒤 12개월 동안 세계에서 101회의 심장 이식이 이루어졌다고 합니다.

　지금 현재 심장 이식을 받아야 하는 말기 심부전 환자가 심장 이식을 받지 못하고 약물 치료만 했다고 가정했을 때, 미국의 연구에 의하면 1년 생존율은 25%, 2년 생존율은 8% 정도이고 3년 이상 생존율은 거의 없는 것으로 나타났습니다. 하지만 이런 환자가 심장 이식을 받는다면 전 세계적인 심장 이식의 1년 생존율은 80%, 3년 생존율은 70~75%, 10년 생존율이 50% 정도 됩니다.

　지금 현재 서울아산병원의 생존율은 세계 최고입니다. 1년 생존율이

93~94%, 5년 생존율이 80%를 넘고 10년 생존율도 75% 정도 됩니다. 그러므로 지금은 전국 각 병원에서 실시하고 있는데, 놀라운 성과를 거두고 있습니다.

형제자매 여러분, "불가능이란 없다."라는 말이 있지만, 인간에게는 한계가 있습니다. 아무리 과학이나 의술이 발전한다고 하더라도, 생명은 조금 더 연장할 수 있다고 하더라도 생명 그 자체를 좌지우지할 수는 없습니다. 생명은 오로지 신의 영역이기 때문입니다.

오늘 복음 말씀을 보면, "은총이 가득하신 이여, 기뻐하여라. 주님께서 함께 계시다."(루카 1,28)라고 천사가 마리아에게 갑자기 나타나 말합니다. "두려워하지 마라, 마리아야. 너는 하느님의 총애를 받았다. 보라, 이제 네가 잉태하여 아들을 낳을 터이니 그 이름을 예수라 하여라. 그분께서는 큰 인물이 되시고 지극히 높으신 분의 아드님이라 불릴 것이다."(루카 1,30-32) 그러자 마리아는 천사에게 "저는 남자를 알지 못하는데, 어떻게 그런 일이 있을 수 있겠습니까?" 하고 말하자 천사가 마리아에게 "성령께서 너에게 내려오시고 지극히 높으신 분의 힘이 너를 덮을 것이다. 그러므로 태어날 아기는 거룩하신 분, 하느님의 아드님이라 불릴 것이다." 또 "하느님께서는 불가능한 일이 없다."(루카 1,34-36)라고 말씀하시자 마리아는 "저는 주님의 종입니다. 말씀대로 저에게 이루어지기를 바랍니다."(루카 1,38)라고 응답했습니다.

형제자매 여러분, 코끼리를 냉장고에 넣는 방법을 아십니까? 그 방법은 아주 간단합니다. 일단 냉장고 문을 열고 코끼리를 냉장고 안에 넣고 문을 닫습니다. 아주 간단하지 않습니까? 이렇게 불가능한 일을 마리아는 아주 쉽게 코끼리를 냉장고에 넣는 방법처럼 응답했습니다.

"하느님께서는 불가능이란 없다."(루카 1,37)라고 하신 천사의 말을 마리아는 그대로 믿고 응답하셨습니다. 참으로 놀라우신 믿음입니다. 그 당시에 처녀가 잉태하여 아들을 낳는다는 것은 돌에 맞아 죽을 일이었기 때문에 죽음을 각오해야만 받아들일 수 있는 일이었습니다. 이런 마리아의 전적인 봉헌을 통해서 인류의 구원은 구체적으로 실현됩니다. 얼마나 감사해야 할 일입니까?

이제 대림절 마지막 촛불까지 다 켜지고 주님의 성탄이 임박했습니다. 우리는 마음의 촛불을 환히 밝혀 들고 마리아의 응답을 나의 응답으로 받아들여 예수님을 내 안에 탄생시켜야 하겠습니다. 매사에 "저는 주님의 종입니다. 말씀대로 저에게 이루어지기를 바랍니다."(루카 1,38)라는 응답을 드려야 하겠습니다. 그러면 불가능한 일이라도 천사가 말한 대로 "하느님께서는 불가능한 일이 없다."라고 하신 그 말씀대로 기적이 언제나 내게도 일어날 것입니다. 이것이 바로 신앙인의 삶입니다. 그러므로 언제나 오늘 마리아의 응답을 내 신앙의 모토로 삼아야 하겠습니다. "저는 주님의 종입니다. 말씀대로 저에게 이루어지기를 바랍니다."(루카 1,38) 그러면 마리아가 잉태하신 예수 아기가 365일 내 안에 계실 것입니다. 그러면 주님의 평화가 언제나 함께할 것이고 항상 기쁨 넘치는 삶을 살게 될 것입니다.

"저는 주님의 종입니다. 말씀대로 저에게 이루어지기를 바랍니다."(루카 1,38) 아멘!

🖤 성탄 시기 🖤

뜻이 있는 곳에 길이 있다!

형제자매 여러분, 오늘 밤은 주님께서 인류를 구원하시고자 탄생하신 거룩한 밤입니다. 주님의 성탄을 축하드립니다. 형제자매 여러분, 모든 가정에 주님께서 주시는 기쁨과 평화가 충만하시길 빕니다.

형제자매 여러분(어린이 여러분), 오늘 밤은 주님의 성탄과 함께 산타 할아버지께서 선물을 안고 오시는 밤입니다. 산타 할아버지로부터 선물을 받기를 원한다면 어떻게 해야 하겠습니까? 형제자매 여러분(어린이 여러분), 산타 할아버지로부터 선물을 받는 방법을 가르쳐 드리겠습니다. 다음 얘기를 잘 들어 주시기 바랍니다.

크리스마스가 다가오고 있었습니다. 말썽꾸러기 아이는 산타클로스에게 선물을 받기를 원했습니다. 그래서 엄마에게 물었습니다. "엄마, 산타 할아버지로부터 선물을 받으려면 어떻게 해야 하나요?" "선물을 받으려면 착한 일을 많이 해야 한단다." 엄마의 답변에 아이는 걱정이 되기 시작했습니다. 착한 일이라고는 해 본 적이 없고 온갖 말썽만 부려 온 터라 결국 아이는 산타클로스 할아버지에게 편지를 쓰기로 했습니다. "산타 할아버지, 저 지금까지 착한 일 많이 했어요. 선물 듬뿍 주셔야 해요." 그러나 양심의 가책을 느끼고 다시 쓰기 시작했습니다. "산타 할아버지, 앞으로 착한 일 많이 할 거예요. 그러니 선물 많이 주세요." 그러나 그럴 자신이 없었습니다. 아이는 편지 쓰기를 그만두고 바로 성당으로 막 달려갔습니다. 왜일까요? 성모상을 집으로 가지고 왔습니다. 그리고 다시 편지를 썼습니다. "산타 할아버지, 당신 엄마를 내가 인질로 잡고 있습니다. 당신 선물과 교환합시다!"

형제자매 여러분, 성모님을 인질로 잡고 있으니 산타가 선물 안 주고 배길 수 있겠습니까?

형제자매 여러분, 주님의 성탄을 맞이해서 성모님을 우리 가정에 모시게 되면, 분명히 예수님이 탄생하십니다. 그러므로 예수님을 자동적으로 우리 가정에 모시게 됩니다. "뜻이 있는 곳에 길이 있다."라는 말이 있듯이 말썽꾸러기 아이가 선물을 받기 위해서 성당 성모상을 집으로 모셔 왔듯이, 성모님을 우리 가정에 모시게 되면 분명히 예수 아기가 우리 가정에 탄생하실 것입니다.

오늘 우리는 사제가 복사들과 함께 예수 아기를 모시고 들어올 때 성가 99번 〈고요한 밤 거룩한 밤〉 노래를 불렀습니다. 이 노래는 주님의 성탄 때 가장 많이 부르는 성가 중에 한 곡입니다. 형제자매 여러분, 이 노래의 유래를 알고 계십니까? 그 유래를 보면 다음과 같습니다.

오스트리아의 잘차흐(Salzach)강 강변에 위치한 오베른도르프(Oberndorf)라는 작은 마을에 성 니콜라오 성당이 있었습니다. 1818년 어느 겨울 늦은 밤, 이 성당에서 사목하는 요셉 무어 신부님이 땀을 뻘뻘 흘리면서 오르간을 고치고 있었습니다. 그 성당의 오르간은 잘차흐강의 습기로 크리스마스를 일주일 앞뒀을 때 갑자기 고장이 나 버렸던 것입니다. 수리를 위한 기술자는 쌓인 눈 때문에 봄에나 오기로 되어 있었습니다. 크리스마스이브에 성탄 미사도 드려야 하고, 연극 발표회도 해야 하는데 하나뿐인 오르간이 고장 났으니 참으로 난감하지 않을 수 없었습니다. 시골 마을이라 기술자는 봄이 되어야 온다고 하고 그렇다고 새로 오르간을 마련할 형편도 아니었기에 그는 벌써 며칠째 오르간을 뜯어서 이리저리 살펴보았는데 도무지 고칠 수가 없었습니다. '오르간도 없이 어떻게 크리스마스 행사를 할까?' 몹시 상심한 신부님은 일손을 멈추고 자리에 꿇어앉은 채 간절한 마음을 담아 한참 동안 기도를 올렸습니다. 그리고 고개를 돌려 창밖을 내다보니, 깊은 밤 어둠 속으로 환한 달빛이 비치는 마을의 풍경이 무척 평화롭고 아름다워 보였습니다. '참으로 고요한 밤이구나!' 그 평화로운 마을의 풍경에 감동한 그 순간, 그는 아름다운 시 한 편이 떠올랐습니다. 자신이 신부가 되기 전에 바로 이와 같은 광경을 바라보며 감동이 되어 〈고요한 밤(Silent Night)〉이란 시를 써 놓았던 적이 있었습니다. 그는 즉시 펜을 들어 떠오르는 글들을 새롭게 다시 써 내려갔습니다. 다음 날 아침 그는 성당의 오르간 연주자인 프란츠 그루버(Franz Gruber) 선생을 찾아가 시를 보여 주며 작곡해 달라고 부탁했습니다. "오르간이 고장 났으니 선생님께서 이 시로 작곡을 해서 성탄 미사 때 기타로 연주하면 어떻겠습니까?"

그해 성탄 전야 밤(1818년 12월 24일), 성당의 신자들은 성스러운 성탄에 기타를 들고 성당의 제단에 선 무어 신부님과 그루버를 보고 의아하게 생각하며 바라보았습니다. 그런데 지금 이 작은 성당에서 무어 신부님이 쓴 이 한 편의 시에 곡을 붙인 감미로운 음악이 기타로 연주되었고 두 사람은 노래를 부르기 시작했습니다. 그들 두 사람의 목소리는 다시 성당의 성가대가 합세하여 웅장한 합창이 되어 울려 퍼졌습니다. 노래가 끝난 후에 신자들은 한동안 감동으로 침묵을 지켰습니다. 잠시 후에 신자들은 박수를 치며 기뻐했고, 결국 무어 신부님은 음악이 있는 크리스마스 미사를 하게 된 것입니다.

다음 해 봄, 그 성당은 고장 난 오르간을 고치게 되었습니다. 기술자가 오르간을 고치러 드디어 성당으로 온 것입니다. 그런데 오르간을 고치러 온 사람이 우연히 이 노래 악보를 보게 되었습니다. 그는 감동적인 이 노래의 악보를 보고 가지고 갔습니다. 그리고 오르간을 고치러 독일 이곳저곳을 다니면서 이 노래를 계속 퍼뜨렸습니다. 그렇게 처음엔 독일에서, 그다음엔 유럽에서, 그리고 지금은 전 세계에서 가장 사랑받는 크리스마스 캐럴이 된 것입니다.

형제자매 여러분, 비록 오르간이 고장 났지만, 실망하지 않고 〈고요한 밤〉 노래를 작사하고 작곡했기 때문에 음악이 있는 성탄 밤 미사가 되었습니다. 또 불멸의 성탄 성가곡이 탄생 되었습니다. 형제자매 여러분, "뜻이 있는 곳에 길이 있다."라고 하는 말이 있듯이 결코, 실망하지 말고 길을 찾아야 하겠습니다. 이렇게 주님의 성탄은 이 길을 잃은 인간에게 길을 가르쳐 주시기 위해서 하느님의 아드님이 인간이 되어 오셨습니다. 캄캄한 어둠 속을 걷고 있는 이 인간에게 주님의 성탄으로 말미암아 빛을 보게 된 것입니다. 죄로 인해 캄캄한 어둠 속을 헤매던 이 인간에게 주님으로 말미암아 구원의 빛을 보게 되었습니다. 즉, 죄로부터 해방을 이룩하게 된 것입니다. 아담과 하와의 범죄로 낙원에서 추방되었던 인간이 다시 하느님께로 돌아갈 수 있는 길이 열렸기 때문입니다. 그래서 예수님을 구세주, 구원자, 메시아라고 부릅니다. 그러므로 전 세계의 사람들이 이 예수 아기의 성탄을 경축하며 기뻐하고 있는 것입니다.

형제자매 여러분, 비천한 인간을 구원하시기 위해 인간이 되신 예수 아기께 먼저 고마움과 감사함을 전해야 하겠습니다. 주님, 고맙습니다! 주님, 감사합니다! 그리고 사랑을 고백해야 하겠습니다. 주님, 사랑합니다!

다 함께 외쳐 봅시다.

"메리 크리스마스! 주님, 고맙습니다! 주님, 감사합니다! 주님, 사랑
합니다! 메리 크리스마스!"

기쁜 성탄절 되시기 바랍니다.

예수님은 왕궁이 아니라
왜 말구유에 탄생하셨을까?

찬미 예수님, 메리 크리스마스!

우리는 지난밤에 참으로 기쁜 소식을 들었습니다. 첫 번째 독서를 통해서 이사야 예언자는 "우리에게 한 아기가 태어났고, 우리에게 한 아들이 주어졌다."(이사 9,5)라고 선포했습니다. 그리고 두 번째 독서를 통해 바오로 사도는 "사랑하는 그대여, 모든 사람에게 구원을 가져다 주는 하느님의 은총이 나타났다."(티토 2,11)라고 선포하셨습니다. 그리고 복음에서 루카 복음사가는 "오늘 너희를 위하여 다윗 고을에서 구원자가 태어나셨으니, 주 그리스도시다. 너희는 포대기에 싸여 구유에 누워 있는 아기를 보게 될 터인데, 그것이 너희를 위한 표징이다."(루카 2,11-12)라고 말씀하셨습니다.

형제자매 여러분, 우리는 그 표징대로 지난밤 구유에서 탄생하신 아기 예수님께 경배했습니다. 그분은 바로 구세주, 우리를 구원하실 주님, 만민의 왕, 평화의 왕이십니다. 형제자매 여러분, 주님이 탄생하신 거룩한 지난밤, 아니면 오늘 예수 아기의 울음소리 들으셨습니까, 못 들으셨습니까? 아마 신심이 없는 분들은 못 들었을 것입니다. 형제자매 여러분, 퀴즈 하나 드리겠습니다. 오늘은 예수님께서 탄생하신 거룩한 날입니다. 그러면 예수님께서 과연 어디에서 탄생하셨습니까? 베들레헴에서 탄생하셨지요. 이제 본문제 나갑니다. 아기 예수님께서

태어나시자마자 "울었을까요, 웃었을까요?" 예수님께서 태어나시자
마자 '울었다.'라고 생각하는 사람 한번 손을 들어 보십시오. 그러면
'웃었다.'라고 생각하는 사람 한번 손을 들어 보십시오. 예수님께서는
하느님이시면서 인성을 취하여 오셨으므로 보통 아기처럼 울음을 터
트리셨습니다. 이제 마지막으로 문제 하나 더 드립니다. 형제자매 여
러분, 하느님은 전지전능하신 분이십니다. 그렇다면 하느님께서는 얼
마든지 다른 방법으로도 당신 사랑을 표현할 수 있으셨을 텐데, 왜 굳
이 예수님께서 이렇게 비천한 인간으로, 초라한 말구유에 태어나셨겠
습니까? 이 질문에 덴마크의 철학자 키에르케고르는 우리에게 왕과
하녀(The King and the Maid)라는 예화로 그 답을 얘기해 주고 있습니다.

옛날 어떤 왕이 비천한 하녀를 너무나 사랑했습니다. 그녀에게는 왕
가의 혈통도 교육적 배경도 왕실에서의 지위도 없었습니다. 낡은 옷을
입고 있었고, 헛간에서 살았으며, 평민으로서의 누더기 삶을 살았습니
다. 하지만 아무도 이해할 수 없는 몇 가지 이유로 왕은 이 소녀와 사랑
에 빠졌습니다. 왕이 그녀를 사랑해야 할 이유는 설명할 수 없지만, 그
가 그녀를 사랑하는 것만은 확실했습니다. 그리고 그녀를 사랑하는 것
을 결코 멈출 수 없었습니다.
그러나 왕의 마음속에는 몇 가지 염려스러운 점이 있었습니다. '어떻
게 그녀에게 내 사랑을 드러낼 수 있을까? 우리 사이를 갈라놓은 신분
의 틈을 어떻게 메울 수 있을까?'라는 고민이었습니다.
물론 왕의 충신들은 그녀에게 왕비가 되라고 명령만 하면 된다고 간
단히 말해 줄 것입니다. 왜냐하면, 그 왕은 막대한 권력을 소유했고, 모
든 국민은 그의 분노를 두려워했으며, 모든 외국 세력은 그의 앞에서
떨었고, 모든 신하는 왕의 목소리만 들어도 땅에 넙죽 엎드렸기 때문입

니다. 그녀에게는 저항할 힘이 없었습니다. 만약 왕이 그렇게 한다면 그녀는 영원한 감사의 빚을 지게 될 것입니다.

하지만 권력이 사랑을 강요할 수는 없었습니다. 왕은 그녀의 육체를 궁전 안에 있게 할 수는 있지만, 그녀의 마음에 그를 향한 사랑이 있게 할 수는 없었습니다. 이런 식으로 그녀의 복종을 얻을 수 있을지 모르지만, 강요된 복종은 그가 원하는 바가 아니었습니다. 그는 마음의 친밀함과 영혼의 하나됨을 간절히 원했습니다. 세상의 권력은 인간 마음의 문을 열 수 없었습니다. 그 문은 안에서 열어야 하기 때문입니다.

왕의 충신들은 왕이 이 사랑을 포기하고 더 가치 있는 여인에게 마음을 주라고 조언했는지도 모릅니다. 하지만 왕은 그렇게 하지 않았습니다. 아니, 할 수 없었습니다. 그래서 그의 사랑은 그에게 큰 고통이 되었습니다.

왕은 그녀의 지위를 올림으로써 그들 간의 간격을 좁히려고 시도할 수도 있었습니다. 그녀에게 많은 선물을 안겨 주고, 보랏빛 실크 드레스를 입히고, 왕비로 삼을 수도 있었습니다. 하지만 만약 그가 그녀를 왕궁으로 데려온다면 위엄의 태양 광선을 그녀 위에 비춘다면, 그녀가 엄청난 부와 권력과 화려함을 본다면, 그녀는 압도되고 말 것입니다. 그녀가 왕으로부터 받은 선물들 때문에 그를 사랑할지 어떻게 알 수 있겠습니까? 그녀가 보잘것없는 평민으로 남겠다고 할지라도 여전히 변하지 않을 그의 사랑을 그녀가 어찌 알겠습니까? 왕이 바라는 것은 그는 왕이었고 그녀는 비천한 하녀였다는 사실을 결코 기억하지 못하도록 해야 하는데, 어떻게 그렇게 할 수 있겠습니까?

다른 모든 대안은 수포로 돌아갔습니다. 오직 한 가지 길뿐이었습니다. 그래서 하루는 왕이 자리에서 일어나 왕좌를 버리고, 왕관을 벗고, 왕의 홀을 포기하고, 왕의 의복을 벗었습니다. 그는 평민의 삶을 선택했습니다. 누더기를 입고, 먼지 속에서 살고, 양식을 위해 구걸하고, 헛간에서 지냈습니다. 외모만 종의 모습으로 바꾼 것이 아니라, 그의 삶과 본성 자체도 종이 되도록 했습니다. 왕은 그렇게 살면서 그녀에게 청혼하고 그녀를 아내로 맞아들였습니다.

형제자매 여러분, 왕이 이렇게 왕좌를 버리고 평민이 되어 가난을 선택한 것은 무엇 때문이겠습니까? 한마디로 하녀를 너무나도 사랑했기 때문입니다.

그러므로 바오로 사도는 "그분께서는 하느님의 모습을 지니셨지만 … 오히려 당신 자신을 비우시어 종의 모습을 취하시고 사람들과 같이 되셨다."(필립 2,6-7)라고 말씀하셨습니다. 곧 하느님께서는 우리와 함께하시기 위해 모든 것을 버리시고 가장 비천한 자와 똑같이 되시기 위하여 가난함을 간택하시어 왕궁이 아니라 말구유에서 탄생하셨습니다.

하느님이 이 땅에 오셨습니다. 우리는 그분의 영광을 보았습니다. 왕좌나 왕관의 영광이 아니었습니다. 누더기처럼 죄로 가득한 비천한 평민들을 위해 그 모든 것을 내려놓는 것이 그분의 영광이었습니다. 그러므로 우리는 고마워해야 합니다.

비천한 인간이 인류의 조상 아담과 하와의 잘못으로 인하여 구원을 받을 수 없는 처지가 되었는데, 구원을 받을 수 있는 길이 열렸기 때문이다. 그러므로 구원자이신 예수님께 감사드려야 합니다.

왕이 하녀를 너무나 사랑했기 때문에, 왕좌와 모든 것을 다 버리고, 하녀와 똑같이 누더기를 입고 같은 조건으로 오셔서 청혼했듯이, 바로 우리를 사랑하시는 하느님께서 비천한 인간으로 오셨습니다. 그러므로 우리는 "황공무지로소이다."라고 머리를 조아리면서 그 사랑에 응답해야 하겠습니다. 이것이 바로 주님의 성탄입니다. 온 인류가 기뻐해야 할 이유입니다.

　그러므로 우리 모두 "주님, 고맙습니다! 주님, 감사합니다! 주님, 사
랑합니다!"라고 고백해야 하겠습니다.

　메리 크리스마스!

성가정은 어떤 가정을 말하는가?

형제자매 여러분, 오늘 예수, 마리아, 요셉의 성가정 축일을 맞이했습니다만, 어떤 가정을 성가정이라고 말할 수 있겠습니까? 외짝 교우일 때 성가정이 되었으면 좋겠다는 바람을 얘기하곤 합니다. 이때 성가정이란 부부가 모두 세례를 받고 자녀들도 모두 세례를 받는 것을 뜻합니다. 그러면 가족 모두가 세례를 받으면 정말 모두 성가정이 되겠습니까? 꼭 그렇지는 않을 것입니다. 성가정이란 예수님을 중심으로 마리아와 요셉이 이뤘던 그런 가정을 닮은 가정을 말합니다.

형제자매 여러분, 그럼 구체적으로 성가정이란 어떤 가정을 말하겠습니까? 성가정이란 첫째로, 하느님을 중심으로 온 가족이 모이는 가정입니다. 주일이면 가족이 같이 성당에 가고 매일 적어도 한 번 가족이 같이 기도함으로써 한 주일의 생활 리듬이 신앙적으로 이루어지는 가정일 것입니다. 온 가족이 같이는 못 할지라도 적어도 부부는 같이 해야 할 것입니다.

유대인 가정에는 대개 거실 벽 가운데 의자가 놓여 있습니다. 마치 임금님이 앉는 의자처럼 권위가 있는 의자입니다. 누가 앉는 의자이겠습니까? 가장이 앉는 의자입니다. 이 의자는 '쉐마 이스라엘'을 선포하는 가장의 의자입니다. 유대인들은 안식일이 시작되는 금요일이면 온 가족이 식탁에 둘러앉아 아버지가 그 의자에 앉아 들려주는 "쉐마 이스라엘!", 즉 "이스라엘아, 들어라!"로 시작되는 신명기 6장의 말씀을 듣습니다. 중요한 대목을 말씀드리면 다음과 같습니다. "이스라엘아, 들어라! 주 우리 하느님은 한 분이신 주님이시다. 너희는 마음을 다하고 목숨을 다하고, 힘을 다하여 주 너희 하느님을 사랑해야 한다. 오늘 내가 명령하는 이 말을 마음에 새겨 두어라. 너희는 집에 앉아 있을 때나, 누워 있을 때나 일어나 있을 때나, 이 말을 너희 자녀에게 거듭 들려주고 일러 주어라. 또한, 이 말을 너희 손에 표징으로 묶고 이마에 표지로 붙여라. 그리고 너희 집 문설주와 대문에도 써 놓아라."(신명 6,4-9)

이스라엘이 2천여 년을 떠돌이 생활을 하면서도 자기들의 정체성을 잃지 않고 살아갈 수 있었던 것은 하느님을 중심으로 하는 바로 이 신앙 공동체 의식 때문이었습니다. 우리도 이처럼 하느님 중심으로 가족이 함께 모여 기도해야 성가정이 될 수 있을 것입니다.

형제자매 여러분, 두 번째로 성가정은 서로 존중하는 가정입니다. 한때 80년대에 유행했던 유머를 소개하겠습니다. 아마 다 알고 계실 것입니다.

아버지와 아들이 목욕탕에 갔습니다. 아버지가 욕탕에 들어가며, "어! 시원하다, 시원해. 너도 어서 들어와."라고 했습니다. "아버지, 정말 시원하나요?" "그래! 어서 들어와." 아들이 욕탕에 뛰어 들어갔는데, "아 뜨거워!" 기겁하며 뛰어나오면서 뭐라고 말했겠습니까? "이 세상에 믿을 놈 하나도 없네!"라고 말했다나요. 그러자 아버지는 잔뜩 화가 나서 달려가 아들을 때리려고 하자, 아들이 아버지에게 뭐라고 말했겠습니까? "때려라! 때려! 네 아들 죽지, 내 아들 죽냐?" 이게 2탄입니다.
그리고 제3탄은 목욕을 다 하고 나와서 벌어집니다. 목욕을 했기 때문에 아들이 배고프리라 생각해서, 아버지가 빵을 다섯 개 사서, 아들에게 두 개를 주고 자신은 세 개를 먹었습니다. 빵을 다 먹은 뒤에 아버지가 아들에게 "배부르냐?"라고 말씀하시자 아들이, 뭐라고 말했겠습니까? "빵 두 개 먹고 배가 부르면, 세 개 먹은 놈은 배 터져 죽겠네."

제4탄은 이 말을 듣고 몹시 화가 난 아버지는 집에 돌아와 "이놈! 아버지에게 무슨 말버릇이냐?" 하며 매를 들었습니다. 그러자 어머니가 말리니까 아들이 뭐라고 말했겠습니까? "그만둬요. 지 새끼 지가 때리는데 누가 말려."

하나의 유머지만, 이렇게 서로 간에 존중이 없어서야 되겠습니까?

오늘 첫 번째 독서 집회서에서는 "아버지를 공경하는 이는 죄를 용서받는다. 제 어머니를 영광스럽게 하는 이는 보물을 쌓는 이와 같다. … 얘야, 네 아버지가 나이 들었을 때 잘 보살피고, 그가 살아 있는 동안 슬프게 하지 마라. 그가 지각을 잃더라도 인내심을 가지고, 그를 업신여기지 않도록 네 힘을 다하여라. 아버지에 대한 효행은 잊히지 않으니, 네 죄를 상쇄할 여지를 마련해 주리라."(집회 3,3-4.12-14)

그리고 두 번째 독서에서 바오로 사도는 "누가 누구에게 불평한 일이 있더라도 서로 참아 주고 용서해 주십시오. … 이 모든 것 위에 사랑을 입으십시오. 감사하는 사람이 되십시오. … 아내 여러분, 남편에게 순종하십시오. 주님 안에 사는 사람은 마땅히 그리해야 합니다. 남편 여러분, 아내를 사랑하십시오. 그리고 아내를 모질게 대하지 마십시오. 자녀 여러분, 무슨 일에서나 부모에게 순종하십시오. 이것이 주님 마음에 드는 일입니다. 아버지 여러분, 자녀를 들볶지 마십시오. 그러다가 그들의 기를 꺾고 맙니다."(골로 3,12-21)

부부간에, 부모와 자식 간에 서로 존중하되 인간적인 관계로서 존중하는 것이 아니라, 역시 하느님이 짝지어 주신 나의 반려자로서, 하느님이 주신 부모로서, 하느님이 주신 자식으로서 존중해야 합니다. 하느님께서 주셨기 때문에 존중하는 사랑이야말로 최고의 사랑입니다.

　그러므로 부부는 나의 다른 반쪽을 통해서 하느님의 완전한 사랑을 이루고, 자식은 부모님에게서 하느님의 뜻을 발견하고, 부모는 자기 욕심대로가 아니라 자녀에 대한 하느님 뜻에 따라 자녀를 대하고 훈육해야 할 것입니다. 이런 의미에서 가족이 함께 기도하고 가족회의를 하는 것은 성가정을 이루는 중요한 수단이 될 것입니다.

　형제자매 여러분, 세 번째로 성가정은 이웃 사랑을 실천하는 가정입니다. 코로나19로 온 나라 사람들이 고통에 시달리는데, 다른 사람들이 불행해도 무관심하고 자기 집이 무사한 것만으로 행복한 가정, 이런 가정을 성가정이라 할 수 없습니다. 남이 우리 집의 평안을 깨뜨릴까 전전긍긍하는 가정, 남을 위해서는 한 푼도 쓰지 않고 움켜쥐고 사는 가정, 이런 가정을 성가정이라 할 수 없습니다. 이런 가정은 가족 모두가 주일에 한 번도 빠지지 않고 성당에 나가도, 가족 모두가 법을 어기거나 나쁜 짓 하지 않아도, 가족 모두가 윤리적으로 건전한 삶을 살아도, 성가정이라고 할 수 없습니다. 성가정은 하느님이 중심으로 계신 가정입니다. 그래서 하느님의 사랑이 넘치는 가정입니다. 더 나아가 하느님의 사랑이 넘쳐 이웃에게로 향해 가는 가정입니다. 하느님 사랑은 반드시 우리 가정을 채우고도 넘쳐 이웃에게로 흘러가기 때문입니다.

　그러므로, 형제자매 여러분, 오늘 성가정 축일을 맞이하여 우리 모든 가정이 첫째, 하느님을 중심으로 모시고 함께 기도함으로써 성가정이 되어야 하겠습니다. 둘째, 서로 존중하고 사랑하고 감사함으로써 성가정이 되어야 하겠습니다. 셋째, 이웃의 고통과 아픔에 방관만 할 것이 아니라, 함께 나누고 이웃 사랑을 몸소 실천함으로써 성가정이 되어야 하겠습니다. 우리 모두 그렇게 살기로 다짐하면서 성가정이 될 수 있도록 이 제사를 통해서 다 함께 열심히 기도합시다.

"아버지를 공경하는 이는 죄를 용서받는다. 제 어머니를 영광스럽게 하는 이는 보물을 쌓는 이와 같다. … 얘야, 네 아버지가 나이 들었을 때 잘 보살피고, 그가 살아 있는 동안 슬프게 하지 마라. 그가 지각을 잃더라도 인내심을 가지고, 그를 업신여기지 않도록 네 힘을 다하여라. 아버지에 대한 효행은 잊히지 않으니, 네 죄를 상쇄할 여지를 마련해 주리라."(집회 3,3-4.12-14) 아멘.

아름다운 선물 이야기

요즘 사람들은 먹는 것에 많은 관심을 두고 있습니다. 바로 사람들은 어떤 음식을 먹고 무엇을 마시느냐에 따라서 건강이 좌우되기 때문입니다. 그러기에 물도 옛날에는 그저 우물물을 길어 먹었으나 환경오염 때문에 요즘에는 생수를 사서 마시든지 아니면 정수기 물을 뽑아 먹습니다. 형제자매 여러분, 물 중에 사람들이 제일 좋아하는 물은 무엇이겠습니까? 난센스 퀴즈입니다. 사람들이 물 중에 제일 좋아하는 물은 '선물'입니다. 여러분, 다 선물 좋아하시지요? 이번 성탄에 선물 많이 받으셨습니까?

형제자매 여러분, 오늘 동방박사들이 예수님을 경배하고 예수님께 드렸던 예물, 즉 선물은 무엇이지요? 황금과 유향과 몰약입니다. 황금은 귀하고 값지고 보배로운 것이기에 이해가 되지만 왜 하필 유향과 몰약을 예수님께 선물로 드렸겠습니까? 동방박사들이 예수님께 드렸던 선물은 값지고 보배로운 것이었습니다. '황금'은 요즘도 비싸지만 역시 옛날에도 값지고 귀중하고 보배로운 것이기에 이 황금으로 임금님의 왕관을 만들었습니다. 이 황금을 예수님께 드렸다는 것은 인류의 구원을 위해 탄생하신 예수님이 만민의 왕이심을 상징하고 있습니다. 그래서 헤로데는 자기 왕권에 위협을 느껴 아기 예수를 없애기 위해 베들레헴에 있는 2살 이하의 사내아이를 모조리 다 죽이는 엄청난 큰 범죄를 저질렀습니다. 또 동방박사들이 예수님께 드린 예물은 '유향'입니다 향은 제사 때에 피웁니다. 향은 기도와 정화, 거룩함을 상징하고 있습니다. 곧 인류의 구원을 위해 탄생하신 예수님은 하느님 아버지와 인간을 화해시키는 제사장이심을 곧 우리의 찬미와 기도를 받으셔야 할 신성을 갖추신 거룩하신 하느님이심을 상징하고 있습니다. 그리고 마지막으로 동방박사들이 예수님께 드렸던 예물은 무엇이지요? '몰약'입니다. 시신이 썩지 않도록 처리하는 방부제 약품으로, 그 당시에 아주 비싸고 값진 것이었습니다. 왜 하필 이런 약품을 드렸겠습니까? 인류의 구원을 위해서 탄생하신 예수님께서는 몸소 십자가의 고통을 감수, 인내하시고 십자가의 죽음을 맞이한 인간 예수님입니다. 그러나 말씀하신 대로 사흘 만에 부활하심으로써 부활하신 하느님, 불사불멸의 하느님이 되셨음을 상징합니다. 이렇게 동방박사들이 예수님께 드린 예물은 이와 같은 의미 깊은 뜻을 담고 있습니다. 그러므로 공현 대축일을 지내는 우리도 가장 값지고 보배로운 예물을 예수님께 드려야 하겠습니다. 우리가 예수님께 드려야 할 가장 값지고 보배로운 예물, 선물은 무엇이겠습니까? 그 예물은 곧 사랑의 예물, 사랑을 선물하는 것입니다.

선천성 심장병으로 걸음을 걸을 수 없는 아홉 살 된 한 어린이가 있었습니다. 집이 너무 가난해서 수술을 받지 못하고 답답한 나날을 보내고 있었는데, 이 어린이의 딱한 사정이 신문에 보도되자 독자들로부터 심장 수술에 보태 달라면서 많은 사람이 성금을 보내왔습니다. 그리고 서울에 있는 모 병원에서는 무료로 이 어린이의 심장 수술을 해 주겠다고 나섰습니다. 그래서 이 어린이는 그 병원에서 무료로 수술을 받고 건강을 되찾게 되었습니다. 얼마나 감사해야 할 일입니까? 사회의 따뜻한 정에 힘입어 건강을 찾게 된 이 어린이의 집에서는 그 고마움을 결코 잊지 못할 것입니다. 그래서 신문사 독자들로부터 모금해서 자기에게 보낸 구천여만 원을 신문사에 다시 맡기면서 이렇게 말했습니다. "우리 아이는 무료 수술을 받았으니 이 성금은 더 많은 생명을 구하는 데 쓰여야 합니다. 그것만이 우리 가족이 할 수 있는 보은의 길이라고 생각합니다." 이 다시 맡겨진 구천여만 원의 성금으로 다른 심장병 어린이 넷이 수술을 받게 되었습니다. 이 사실을 보도하면서 신문은 '보은의 성탄 선물'이라고 했습니다. 참으로 아름다운 선물 이야기입니다. 선물은 사랑이 담겨 있기에 참으로 아름답습니다.

형제자매 여러분, 우리도 바로 이런 사랑의 선물을 예수님께 드려야 하지 않겠습니까? 이런 사랑의 선물을 예수님께서는 동방박사의 선물보다도 더 좋아하실 것입니다.

형제자매 여러분, 신앙인의 삶은 언제나 우리의 주님께 경배를 드리는 삶이 되어야 하겠습니다. 동방박사들이 예수님께 캄캄한 밤에 별의 인도로 예수님을 찾아뵙고 경배하였듯이 바로 신앙인의 삶도 주님을 찾아 나서는 기나긴 여정이고 또 그분을 찾아뵙고 기쁘게 경배하는 삶이 되어야 할 것입니다. 기왕이면 다홍치마란 말도 있듯이 더 나아가 우리가 주님께 언제나 감사와 기쁨과 사랑의 선물을 드린다면, 예화의 '보은의 성탄 선물'처럼 분명히 신앙인의 삶은 아름다운 다홍치마가 되지 않겠습니까?

오늘은 공현 대축일입니다. '공현'이란 공적으로 드러낸다는 뜻입니다. 이제 인류의 구원을 위해 탄생하신 예수님께서 먼 나라에서 경배하러 온 동방박사들에게까지 당신을 공적으로 드러내셨음을 우리는 경축하고 있습니다. 그러기에 우리는 주님의 성탄의 기쁜 소식을 널리 알리고 전하는 신앙인이 될 것을 다짐해야 하겠습니다.

"유대인들의 임금으로 태어나신 분이 어디에 계십니까? 우리는 동방에서 그분의 별을 보고 그분께 경배하러 왔습니다."(마태 2,2) 아멘!

나의 보물 제1호는 하느님

오늘은 주님 세례 축일입니다. 주님 세례 축일을 맞이해서 한 자매님이 쓰신 글을 소개해 드립니다. 글 제목은 〈아들의 배신〉입니다.

"아들~ 아들이 요즘 많이 바쁜 것 같은데…. 엄마가 가서 밥도 해 주고 빨래도 해 주고 하면 어떨까? 아들은 바쁜데 엄마 혼자 편하게 지내는 거 같아 괜히 미안하네." "아니에요. 엄마가 오면 제가 더 힘들어져요. 일도 바쁜데 엄마까지 신경 써야 해서요." 수화기 너머로 들려오는 아들의 목소리에 힘이 쭉 빠졌다. 그리고 나도 모르게 눈물이 주르륵 흘러내렸다. 이제 나는 갈 데도 없구나. 정말로 하느님만 붙들고 살아야 하는 건가? 남들처럼 가족이 대화하면서 때로는 욕도 하며 그렇게 부딪치며 살고 싶은데.

남편이 악성 뇌종양으로 수술을 받기 전에는 온실 속 화초처럼 아무 어려움 없이 살았다. 남편을 하느님 곁으로 보낸 지도 벌써 7년, 이제 아들과 달랑 둘만 남았는데, 이렇게 떨어져서 살아야 하는 건가? 전화기를 놓고 한참을 울었다. 나의 보물 1호인데…. 나름대로 자기 관리를 잘하는지라 어려서부터 엄마가 참견하는 거 싫어했던 아들. 그래도 '집에 오면 엄마가 빨래해 주고 밥해 주니까 좋다고 할 때는 언제고….' 은근히 화도 나고 얄미워졌다.

노인대학 봉사가 있는 날이라 서운한 마음을 꾹 참고 성당으로 향했다. 성체조배실에서 예수님께 일러바쳤다. '예수님, 이제 저에게는 예수님밖에 없어요. 제 보물 1호가 저를 버렸어요. 차라리 잘됐어요. 사실 저는 그 일을 감당하지 못할 수도 있어요. 그래도….'

그렇게 기도한 후 바쁘게 어르신들과 기도하고 성경 공부도 하고 율동도 하고 동아리 활동까지 마쳤다. 그래도 아들에 대한 서운한 감정이 사라지지 않았다. 아들을 잘 아는 자매에게 아침에 있었던 일을 이야기했다. "언니가 많이 서운했나 보네. 그런데 요즘 제가 엄마한테 그래요. 엄마가 허리가 무척 아프신데도 우리 집에 오면 아픈 몸으로 일을 하시려고 해서 말렸더니. '너는 내 손발을 꼭꼭 묶어 놓는 거나 마찬가지다.' 하시는 거예요." "아, 생각해 보니 나도 엄마한테 그랬어. 엄마 편하게 해 드린다고 김장도 나 혼자 하고, 동생한테도 엄마 힘드니까 네가 하라고 하면서…." 엄마는 혼자 사는 내가 안쓰러워 무엇이든 해 주고 싶어 했는데…. 이제야 아들의 마음을 알 것 같다. 아들의 마음도 나와 같았으리라. 이제는 더 이상 엄마가 해 주시는 밥을 먹을 수 없는데…. 괜스레 오늘따라 하늘나라 가신 엄마가 더욱 보고 싶어진다.

어제는 오랜만에 아들과 데이트를 했다. 그동안의 서운함보다는 애인을 만나듯 설레었다. 함께 식사하며 그동안 나누지 못한 이야기를 하다 보니 왜 이리도 시간이 빨리 가는지. 그동안 있었던 일을 조곤조곤 이야기해 주고, 내 이야기도 잘 들어 주면서, 때로는 자상한 남편이 되었다가 때로는 다정한 딸이 되어 주는 아들. 엊그제 통화하고 나서 서운했다고 말하니 아들은 멋쩍게 웃으며 "엄마, 아들 알잖아. 이제는 덜 바쁘니 전화도 자주 할게."라고 말한다.

"괜찮아, 너를 보물 1호로 정했던 건 나의 집착이었던 것 같구나. 이제 보물 1호를 바꾼다. 나의 보물 제1호는 하느님이야!" 아들 덕분에 나는 한 뼘 더 하느님과 가까워졌다.[1]

---

1) 조인숙, 《가톨릭 다이제스트》, 2017년 6월 호

형제자매 여러분, 〈아들의 배신〉이란 글을 듣고 여러분들은 무엇을 느끼셨습니까? 아들의 배신을 통해서 보물 제1호가 '아들'에서 이젠 보물 제1호가 '하느님'으로 바뀌었습니다. 형제자매 여러분, 여러분의 보물 제1호가 무엇입니까? 혹시 남편? 아니면 아내십니까? 아니면 아들, 딸들입니까? 아니면 재물이나 돈입니까? 아니면 명예나 권력입니까?

　형제자매 여러분, 오늘 복음 말씀을 보면, 예수님께서 세례를 받으실 때 성령이 비둘기 모양으로 내려오면서 하늘에서 "이는 내가 사랑하는 아들, 내 마음에 드는 아들이다."(마태 3,17)라는 소리가 들려왔다고 했습니다. 곧 하느님 아버지께서 당신 아들 예수님이 보물 제1호이심을 확인해 주셨습니다. 그러므로 우리도 하느님 아버지로부터 "이는 내가 사랑하는 아들, 딸, 내 마음에 드는 아들, 딸이다."라는 소리를 들을 수 있도록 노력하는 삶을 살아가야 하겠습니다. 그러므로 우리도 무엇보다도 하느님을, 주님을 나의 보물 제1호로 섬길 수 있는 신앙인이 되도록 노력해야 하겠습니다.

"이는 내가 사랑하는 아들, 내 마음에 드는 아들이다."(마태 3,17) 아멘!

연중 시기

교황님을 운전기사로 모시는 분

유럽을 방문 중인 교황님이 시내 관광을 하다가 갑자기 운전을 해 보고 싶었습니다. "여보게! 내가 운전할 기회가 별로 없는데 차를 좀 운전해도 되겠나?" 운전기사는 간곡하게 부탁하는 교황님의 청을 거절할 수 없어서 핸들을 맡기고 뒷자리에 앉았습니다. 그런데 교황님이 규정 속도를 위반해서 그만 경찰의 단속에 걸렸습니다. 교황님을 알아본 경찰관이 난감한 얼굴로 경찰서장에 연락했습니다. "이 일을 어찌해야 좋을지 모르겠습니다." 그러자 서장이 물었습니다. "혹시 또 국회의원이야?" "아닙니다. 더 중요한 분인 것 같습니다." "그럼 뭐야! 대통령?" "아닙니다." 너무 답답한 서장이 소리를 버럭 질렀습니다. "그럼 도대체 누구란 말이야?" 그러자 경찰관이 이렇게 말했습니다. "확실히 모르지만, 교황님을 운전기사로 부리고 있는 분이십니다. 일단 한번 와서 보시면 압니다!"

형제자매 여러분, 재미있는 유머지요? "일단 한번 와서 보시면 압니다!" 역시 오늘 복음에서 예수님께서도 "와서 보라!"라고 요한의 제자들을 초대했습니다. 세례자 요한이 자기 제자 두 사람과 함께 있다가 예수님께서 지나가시는 것을 보고 "보라, 하느님의 어린양이시다."라고 말했는데, 그 두 제자는 요한의 말을 듣고 예수님을 따라갔습니다. 예수님께서 돌아서시어 그들이 따라오는 것을 보시고 "무엇을 찾느냐?"라고 물으시자 "라삐, 스승님, 어디에 묵고 계십니까?" 하고 말했습니다. 그래서 예수님께서 그들에게 "와서 보아라." 하시니 그들이 함께 가 예수님께서 함께 묵으시는 것을 보고 그날 그분과 함께 묵었는데, 때는 오후 4시쯤이었다고 전합니다. 이렇게 예수님을 따라간 두 사람 중에 한 분은 시몬 베드로의 동생 안드레아라고 말합니다. 그는 먼저 형 시몬을 만나 "우리는 메시아를 만났소."라고 말했다고 합니다. 곧 메시아는 '그리스도'임을 말해 줍니다. 그래서 예수님께서 시몬을 눈여겨보며 "너는 요한의 아들 시몬이구나. 앞으로 너는 '케파'라고 불릴 것이다."라고 선언하십니다. 곧 '케파'는 '베드로'라는 말이라고 합니다.

형제자매 여러분, 오늘 복음에서 예수님께서는 "와서 보라!"라고 그들을 초대했습니다. 이렇게 주님을 알기 위해서는 일단 "와서 보라!"라는 초대에 응해야 하겠습니다. 그러기에 먼저 스스로 가야 합니다. 신자 중에 가끔 저에게 "신부님, 저는 왜 믿음이 돈독하지 못할까요?"라고 묻습니다. 믿음이 돈독하기 위해서는 어떻게 해야 하겠습니까? 일단 가야 합니다. 피정이나 연수나 교육 등등 적극적으로 가서 참여하고 교육을 받아야 합니다. 그리고 레지오나 각종 회 가입은 물론 평일 미사도 열심히 참여하고 성당에 자주 나와야 합니다. 눈이 오면 눈 치우러 자발적으로 기쁜 마음으로 성당에 봉사하러 와야 합니다. 떨어진 낙엽이 바람 불 때마다 이리저리 뒹굴어도 성당 마당 한번 쓸어 보지 않고 어떻게 풍기 본당을 알고 사랑할 수 있겠습니까? 주님을 알고 만나기 위해서는 일단 와서 기도하고 희생하고 봉사하면서 만나야 합니다. 오늘 독서의 사무엘처럼 "주님, 말씀하십시오. 당신 종이 듣고 있습니다."(1사무 3,9) 이런 자세로 임한다면, 주님께서 반드시 함께 하시면서 믿음을 돈독하게 해 주시고 당신의 기쁨과 평화를 주실 것입니다.

둘째로 일단 와서 보면 압니다. 보고 느껴야 합니다. 똑같이 눈이 있고 귀가 있고 입이 있어도 다 같은 눈과 귀와 입이 아닙니다. 어떤 사람은 오늘 복음 말씀과 강론 말씀을 듣고 덤덤하고 느낌이 없습니다. 성경을 열심히 읽고 필사를 해도 그렇습니다. 반면에 어떤 사람은 느낌이 와 새로운 결심을 하고 주님의 말씀대로 살려고 노력을 기울입니다. 와서 보고 느껴야, 체험해야 합니다. 그저 감나무에 홍시가 떨어지겠지, 막연하게 기다려서는 결코 안 될 것입니다. 여러분이 기도와 피정과 각종 교육과 여러 공동체의 모임이나 반 모임에 적극적으로 참여해서 보고 느끼고 체험해야 합니다. 오늘 화답송의 "주님 보소서. 당신 뜻을 이루려 제가 왔나이다." 바로 이런 자세로 임해야 하겠습니다. 그렇게 할 때 오늘 복음의 안드레아처럼 우리는 "메시아를 만났소." 하고 기쁨에 넘쳐 고백할 수 있는 영광을 누리게 될 것입니다.

형제자매 여러분, 강론 처음에 교황님이 유럽 시내를 운전하다 속도위반으로 경찰관에게 걸리셨을 때 경찰관이 서장에게 전화해서 뭐라고 말했다고 했지요? "서장님, 확실히 모르지만, 교황님을 운전기사로 부리고 있는 분입니다. 일단 한번 와서 보시면 압니다!"라고 말했다고 했습니다. 오늘 예수님께서도 일단 "와서 보라!"라고 말씀하셨듯이 우리도 이웃을 이렇게 초대해야 하겠습니다.

그리고 오늘 주님께서는 "요한의 아들 시몬아, 이제 너는 케파라고 불릴 것."이라고 선언해 주셨습니다. 케파, 베드로, 즉 반석, 바위라는 뜻입니다. 이렇게 이름을 바꾼다는 것은 옛날 시몬은 죽고 새로이 태어났다는 것입니다. 이렇게 해서 신앙인의 삶이 이젠 달라져야 합니다. 시몬이 아니라 베드로라고 선언한 것처럼, 예수님께서 각자 여러분의 새 이름, 세례명을 부를 것입니다. 그러므로 각자 자기 세례명을 부르면서 "앞으로 너는 '○○○'라고 불릴 것입니다."라고 해 봅시다. 시작!

이렇게 베드로 사도는 이 새 이름을 받고 운명이 달라졌듯이 여러분도 삶이 바뀌어야 하겠습니다. 베드로, 바위는 결코 흔들리지 않습니다. 언제나 제자리를 지키면서 눈이 오나 비가 오나 사시사철 한결같습니다. 바로 이런 삶이 신앙인의 삶일 것입니다. 그런데 우리는 얼마나 잘 흔들립니까? 흔들리는 갈대처럼, 별것 아닌데 속상하고 삐치고, 화내고 격분합니다. 쉽게 주님을 저버립니다. 자기 이름, 세례명 성인의 삶을 생각하면서 그 이름에 걸맞은 삶을 살아가도록 노력해야 하겠습니다. 그러면서 언제나 베드로 바위처럼 굳건한 신앙인의 삶을 살아갈 수 있도록 자기 수호성인들에게 전구를 청해야 하겠습니다. 또한, 사무엘처럼 "주님, 말씀하십시오. 당신 종이 듣고 있습니다." 바로 이런 자세로 언제나 살아가야 하겠습니다.

"주님, 말씀하십시오. 당신 종이 듣고 있습니다."(1사무 3,9) 아멘!

전라도 총각과
경상도 처녀와의 결혼 이야기

형제자매 여러분, 여러분들은 어떻게 서로 만나 결혼하셨습니까? 열렬히 연애하셨습니까? 오늘은 〈전라도 총각과 경상도 처녀와의 결혼 이야기〉라는 글을 소개해 드리겠습니다.

저는 전주 출생으로 아버지 고향인 김제의 현재 농장에서 5살 때부터 초, 중, 고, 대학까지 마치고 살고 있었습니다. 대학교를 졸업하고 3년간 준비해 오던 호주 워킹 홀리데이 비자를 받고 비행기 요금과 3개월 연수비를 마련하기 위해서 인턴으로 일하며 어학원을 다니고 있었습니다. 그런데 어느 날 우연히 인터넷 사이트에서 현재 아내를 알게 되어 이메일과 메신저를 주고받으며 친해졌습니다. 경북 문경이 고향인 아내는 김천대학교 유아교육과에 다니고 있었는데 여동생 같기도 하고 이런저런 얘기를 나누다 우린 친해졌답니다. 저는 지금도 마찬가지지만 인터넷에서 만난 사람들에게 얼굴 공개를 강요하지 않는데요. 하루는 너무 얼굴이 보고 싶어졌습니다. 그래서 문경과 김제의 중간 지점인 속리산에서 첫 만남을 하기로 약속을 했습니다. 2003년 8월 15일 속리산 앞 버스정류장에서 저는 한눈에 그녀인 줄 알았습니다. 솔직히 처음 봤을 때는 기대에 어긋나서 약간 실망했습니다. 헐렁한 반바지에 반팔 티에 흰 모자, 운동화를 신고 온 작은 여자를 보고 말이죠. 저희는 속리산 큰 나무숲을 걸으며 물 분수 다리도 지나고 벤치에 앉아 제가 준비해 간 김밥과 과일, 아내가 준비해 온 과자와 후식을 먹으며 오빠 동생 사이에서 연인이 될 수 있음을 느꼈습니다. 속리산에서의 만남 이후 우리는 매일매일 문자와 전화를 주고받는 사이가 됐죠. 안부를 물어보고 밥은 뭘 먹었는지, 무슨 생각을 하는지 묻고 답하는 사이. 우리는 너무나도 비슷한 게 많았고 하고 싶은 것, 취미도 너무 비슷하다는 것을 발견하고 참으로 신기해했습니다. 비로소 천생연분이라는 걸 깨달았습니다.

바야흐로 아내는 유아교육과 3학년을 졸업하게 되었는데, 4명의 언니와 남동생은 그동안 우리 사이를 이미 알고 있었지만, 부모님께 우리 사이를 공개하는 날이 왔습니다. 아내의 졸업식 날 부모님께 저를 소개하기로 한 것이지요!! 경북 문경의 내륙지역에 거주하시는 장인, 장모님이 되신 분들은 전라도에 대한 지역감정이 가장 강한 지역에 사셨기 때문에 농사짓고, 전라도 사람인 데다 나이가 7살이나 많은 저를 당연히 싫어하실 것이라고 생각했는데 다행히 장모님은 전화로 허락을 하셨습니다. 아버지 차를 빌려 타고 간 저는 현 아내와 함께 문경에서 버스를 타고 오시는 장인어른과 장모님을 모시기 위해 김천 터미널에서 기다리고 있었는데 장인어른은 버스에서 내리자마자 저의 인사도 받지 않으시고 택시를 잡아타고 혼자 가 버리셨습니다. 할 수 없이 어머님과 셋이서 부랴부랴 학교에 도착하여 가져간 디카로 사진을 찍어 드린 후 직지사 한식집으로 모셔 밥을 먹었습니다. 2주에 한 번씩 김제 집을 드나든 아내는 저희 부모님과 결혼을 약속한 사이로 며느리처럼 우리 집에서 잠도 자고 지내고 있었는데, 졸업식 날의 만남 이후 만남 자체가 허락되지 않았습니다. 청주의 둘째 언니 집에 살면서 청주 사설 유치원 선생님이 된 아내는 과로와 스트레스로 인해 지쳐 가고 저에게 화풀이를 자주 했습니다. 그래도 저는 잘 참아 주었고 한 번도 화를 내지 않고 잘 보듬어 주었습니다. 왜냐면 제가 7살이나 많잖아요.

몰래 숨기면서 둘째 언니네 집에 드나들던 저는 결국 아내의 부모님께 그 사실이 들통이 났습니다. 그래서 처형은 크게 꾸지람을 듣고 아예 발걸음도 하지 못하는 사이가 됐습니다. 만남도 숨어서 해야 했고, 처갓집 식구들은 아무도 반겨 주는 이가 없었습니다. 취업 후 1년이 된 아내는 사설 유치원의 일이 너무 힘들어서 휴직을 결정했습니다. "그래 그만둬라. 오빠가 너 하나 못 먹여 살리겠냐? 차라리 우리 결혼이나 해서 같이 사과 농사나 짓고 살자."라고 했습니다. 아내는 불호령이 떨어질 아버지가 무섭기도 하고, 농사꾼과의 결혼은 생각이 없었기에 갈등을 많이 했습니다. 드디어 2007년 2월 24일, 아내와 저는 청주에서 만나 언니를 설득한 후 짐을 싸고, 문경에 내려가 부모님과 담판을 짓기로 약속을 했습니다. 그런데 청주에 가니 언니와 형부는 아무런 말도 없이 외출하고 없었습니다. 할 수 없이 저희는 편지 한 장 달랑 남기고 짐을 싸고 나왔습니다. 문경에 도착해 보니 역시 부모님도 집을 비웠고 한참 동안 기다려도 오시지 않아 저희는 나머지 짐을 싸서 전주로 내려왔습니다. 휴~ 하루는 잠잠했습니다. 이틀째 되니 전화가 불이 났습니다. 회유하는 형님들, 화내는 처형들, 결국 다음 날에 큰 처형, 큰형님을 대동하고 가장 악바리인 막내 처형과 장모님이 김제에 나타나셨습니다. 일이 이 지경까지 됐으니 만나서 결혼에 대해 얘기하자는 장모님의 회유에 넘어간 우리는 전주 고궁 비빔밥 음식점을 예약했습니다. 마침 집에 다니러 온 큰누나와 큰매형, 부모님과 고궁에 도착했는데 일이 벌어졌습니다. 우리 둘이 탄 차가 주차장에 도착하자마자 두 언니가 아내의 옆구리에 팔을 끼고 자기 차 속으로 데리고 들어갔습니다. 아내와 저는 상상도 못 한 일이었고, 저희 부모님과 누나와 매형은 어리둥절했습니다. 게다가 악바리 막내 처형은 납치범으로 저를 경찰 신고를 했습니다. 전주에서 유명한 비빔밥 음식점 주차장은 경찰차 두 대와 경찰관

네 명, 구경꾼들로 북적였지만, 창피함도 못 느꼈습니다. 차 속에 갇힌 아내는 차에서 나오려 발버둥을 치다가 머리도 뜯기고 옷도 찢어지고, 참 언니들 무섭데요. 가족의 일이라 경찰관은 방관만 하고 있었습니다, 결국 차 밖으로 나온 아내를 사이에 두고 장모님과 저는 결단을 내렸습니다. 제가 납치범이 아니고 아내가 스스로 따라왔기 때문에 이 자리에서 "아내가 스스로 결정해야 한다."라고 말했습니다. 본인에게 지금 문경 본집으로 갈 것인지 아니면 김제 저희 집으로 갈 것인지 물어보자고 했습니다. 아내는 정말로 저를 선택했습니다. 자발적으로 사랑해서 왔노라고! 엄마, 아빠, 언니, 형부들 다 안 볼 수 있어도 오빠 없인 못 살겠다고! 그러니깐 제발 내버려 두라고! 이렇게 해서 우리는 그 자리에서 빠져나왔습니다.

그날 둘이 됐을 때 아내는 한참을 울었습니다. 다시는 눈물 흘리지 않게 할 거라고 저는 다짐을 했고요. 그해 3월 초, 저희는 저희 부모님의 만류에도 불구하고 제 사재를 다 털어서 전주에서 가장 저렴한 아파트를 사서 신혼살림을 시작했습니다. 명절에 문경에는 찾아갈 수는 있어도 장인어른은 여전히 냉담한 채 저에게 눈길조차 한번 주지 않았지만, 잠은 재워 주고 밥도 줬습니다. 결혼 못 하고 사는 제 처지를 한심하게 생각한 지인들은 그래도 자주 찾아가서 문안 인사도 드리고 집안일도 돌보라고 하셔서 자주 찾아가게 되었습니다.

2008년 대장암 항암 투병 중이신 장인어른께 가장 큰 고민거리가 생겼습니다. 동시감 출하가 되어 수확, 포장, 선별 및 판매를 해야 하는데, 사람도 없고 트럭도 없고 힘도 들어서 태산 같은 걱정을 하셨습니다. 저와 아내는 한달음에 달려가 1주일 동안 감을 따고 선별하여 상주 곶감용 감 공판장에 최고의 값으로 팔아 주었습니다. 그 뒤로 달라지셨습니다. 1주일간 일하면서 가만히 바라만 보시던 장인어른이 제가 좋아하는 반찬도 앞에 놔 주고 땀 흘리며 감 따는 저에게 장모님은 시원한 맥주도 사다 주셨습니다. 눈물이 핑 돌더라고요. 지난 4년간 홀대를 받으면서 귀하게 자란 막내둥이 제가 말이죠.

지금도 그 생각을 하면서 이 글을 쓰니 눈에 이슬이 맺히네요. 그리고 그해 마지막 달 드디어 상견례를 하자는 명령이 떨어졌습니다. 청주의 한식당에서 양가의 어른들이 만났습니다. 그래서 조촐하게 결혼식을 하자고 약속했습니다. 2009년 새해 벽두인 1월 3일 전주 월드컵경기장에서 결혼식을 했습니다. 동거한 지 2년 만에 결혼식을 올렸고 하객들이 많이 오셔서 축하를 해 주었습니다.

아내는 절대로 농부의 아내가 되지 않겠다고 했지만, 김제시 우수농업인이고 농촌진흥청 우수농가 2,000에 들어간 남편과 친환경 사과, 배 농사를 지으면서 행복한 삶을 살고 있습니다. 지금은 누가 뭐라고 해도 농사가 천직이기 때문에 자랑스럽게 사과 농사를 짓고 있다고 얘기합니다. 그리고 2010년 11월 15일 사랑스러운 공주가 태어나 단란한 생활을 하고 있습니다. 또 아들도 태어났습니다. 요즘 요 녀석만 보면 살맛이 납니다. 저희 부모님이 칠순이 넘었고 외손자만 9명이 있는데 나이 들어서 본 막냇손자만 보면 웃음꽃이 핀답니다.

형제자매 여러분, '경상도 처녀와 전라도 총각의 험하고 어려운 결혼 이야기'를 잘 들었을 줄로 믿습니다. 일단 그들은 서로 인터넷으로 만나서 통했고 악조건 속에서도 하나가 되기 위해서 부단히 서로 노력했습니다. 때론, 자기를 포기했고 남편에게 매료되어 떠났기 때문에 결혼에 골인을 할 수 있었습니다. 역시 오늘 복음의 제자들도 "나를 따르라."라고 하는 주님의 말만 듣고 거물과 배를 팽개치고 부모님을 떠나 예수님을 따라나섰습니다. 생계의 터전인 배와 거물을 버렸다는 것은 아주 큰 도전입니다. 예수님의 그 무엇에 매료되어 그들은 선뜻 따라나섰지만 왜 망설임이 없었겠습니까? 역시 부모님도 형제들도 만류했지만, 아무 소용이 없었습니다. 경상도 처녀와 전라도 총각이 그러했듯이 말입니다.

형제자매 여러분, 오늘 주님께서 제자들에게 말씀하셨듯이 바로 여러분에게 말씀하십니다. "회개하고 복음을 믿어라."(마르 1,15) "나를 따라오너라. 내가 너희를 사람 낚는 어부가 되게 하겠다."(마르 1,17) 곧 신앙인의 삶은 이 부르심에 응답하는 삶입니다. 이 명령은 여러분의 인생의 바다에서 여러분 스스로 자유로이 응답해야 할 것입니다.

"회개하고 복음을 믿어라."(마르 1,15) "나를 따라오너라. 내가 너희를 사람 낚는 어부가 되게 하겠다."(마르 1,17) 아멘!

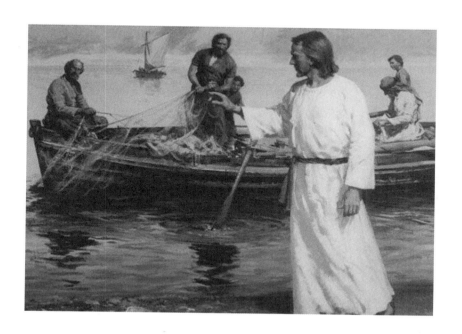

사촌이 땅을 사면 배가 부르다?

형제자매 여러분, "사촌이 땅을 사면 배가 부르다."라는 말을 들어 보셨습니까? "사촌이 땅을 사면 배가 부르다."라는 말 대신 "사촌이 땅을 사면 배가 아프다."라는 속담을 들어 보셨을 것입니다. 이 속담의 뜻이 무엇이겠습니까? 이 속담의 뜻은 '남이 잘되는 것을 기뻐해 주는 대신 질투하고 시기함을 이르는 말'입니다.

남이 잘되면 왜 그렇게 시기하고 질투들을 합니까? 겉으론 축하해 주는 척하면서 뒤로는 미워하고 시기하고 질투하는 게 인간의 속성인가 봅니다. 아마 다른 사람이, 그것도 남이 아닌 자신과 가까운 사람이 잘 될수록 상대적으로 더 큰 박탈감을 느끼기 때문에 그런 말이 나온 것이 아닌가 생각합니다. 다른 사람이 잘되는 꼴을 보지 못하는 우리나라 사람들의 사고를 적나라하게 보여 주는 속담이라고 생각합니다.

에머슨이라는 사람은 이런 말을 했습니다. "시기심은 살아 있는 자에게서 자라다 죽을 때 멈춘다." 시기심은 살아 있을 동안엔 계속 자라다 비로소 죽을 때 멈춘다는 것입니다. 형제자매 여러분, 공감하십니까?

같이 입사한 직장 동료가 큰 프로젝트를 보기 좋게 성공시켰습니다. 상사들의 칭찬이 자자합니다. 아마 이번에 고과 점수도 잘 받고, 인사이동에서 확실하게 승진도 할 것입니다. 축하할 일이 분명하긴 하지만, 자자한 남들의 칭찬을 듣고 있자니 배가 살살 아픕니다. 사실 나에게도 그런 기회가 주어졌다면 그 녀석 못지않게 잘 해냈을 것입니다. 운이 좋아 어쩌다, 한 건 터뜨린 녀석에게 사람들의 평가가 너무 후한 것 같아 생각할수록 짜증이 납니다.

이렇게, 시기심은 인간의 가장 원초적인 감정으로 누구에게나 발동되는 매우 자연스러운 것입니다. 타인에 대해 늘 관대한 사람이라 할지라도, 명예욕이 없는 사람이라고 할지라도 친한 친구의 성공을 놓고 축하해 주려는 찰나, 순간적인 시기심이 고개를 치켜드는 것은 사실입니다.

이처럼 나보다 잘난 타인에 대한 시기심은 동서고금을 막론하고 사람들 마음 깊숙이 자리한 보편적인 감정입니다. 독일어에 '샤덴프로이데(Schadenfreude)'라는 말이 있습니다. 잘나가는 사람, 그것도 자신의 분야에서 잘나가는 사람이 불행해졌을 때 드는 오묘한 쾌감을 일컫는 독일어입니다. '남의 불행을 보고 기쁨을 느끼는 감정'을 말합니다. 우리 조상들은 "사촌이 땅을 사면 배가 아프다."라는 말로 이 감정을 표현하기도 했습니다. 최근에는 '열등감 폭발'을 줄여서 뭐라고 하는지 알고 계십니까? '열폭'이라고 합니다.

형제자매 여러분, 왜 타인의 성공이 반갑지 않고 '열폭, 열등감 폭발'로 이어지겠습니까? 이것은 현대 사회에 팽배한 자율 경쟁 체제와도 무관하지는 않은 것 같습니다. 늘 남보다 조금이라도 낫기를 강요받는 경쟁 사회에서 타인의 성공은 나의 박탈로 이어지기 쉽습니다. 동료의 성공에, 친구의 행복에 초조해지고, 엄친아의 존재에 위협을 느끼는 것은 어쩌면 생존을 위한 본능적인 반응일 것입니다.

그러나 본능적인 감정이라고 해서 이 시기심을 안고 살아갈 수는 없습니다. 시기심이 쌓이면 열등감으로 이어집니다. 열등감은 자존감을 좀먹게 하고, 건강한 마음을 병들게 만듭니다. 특히, 특정한 누군가에 대한 시기심으로 발현된 열등감은 자칫 그 사람에 대한 증오로 발전하기도 합니다.

영화 〈모차르트〉에서 궁중 악사 살리에르는 젊은 모차르트의 음악적 재능을 시기한 나머지, 그를 정신적인 궁지에 몰아 죽음에 이르게 합니다. 그리고 모차르트를 죽인 후 그는 후회와 자책, 자괴감에 빠져 헤어나지 못합니다. 모차르트를 시기했던 것은 잠깐이지만, 그 시기심을 이기지 못한 대가로 살리에르는 평생을 모차르트의 그늘 속에서 허우적대며 살다가 죽습니다.

이렇게, 시기심은 자존심과 연결되어 있습니다. 자존심이 상해서 타인을 시기한다고 생각하겠지만, 실은 타인을 시기하는 동안에 자존심은 다치고 있습니다. 시기하는 시간이 길어지면 길어질수록 나의 자존심은 더욱 오래 멍들고 상하게 됩니다. 때문에, 타인의 성공 앞에서 나의 자존심과 자존감을 지키는 길은 무엇이겠습니까? 그것은 타인의 성공을 깎아내리고 미워하는 것이 아니라 시기심을 버리는 일입니다.

형제자매 여러분, "사촌이 땅을 사면 왜 배가 아픈가?" 오히려 축하해 줄 일이 아니겠습니까? 그런데 시기와 질투심 때문에 살살 배가 아픕니다. 이 못된 심보, 오늘 복음 말씀을 생각하면서 묵상해 봅시다. 예수님께서 회당에 들어가셨는데 더러운 영이 들린 사람이 있었는데 그가 큰 소리로 말합니다. "나자렛 사람 예수님, 당신께서 저희와 무슨 상관이 있습니까? 저희를 멸망시키러 오셨습니까? 저는 당신이 누구신지 압니다. 당신은 하느님의 거룩하신 분이십니다. 예수님께서 그에게 '조용히 하여라. 그 사람에게서 나가라.' 하고 꾸짖으시니 더러운 영은 그 사람에게 경련을 일으켜 놓고 큰소리를 지르며 나갔다. 그러자 사람들이 모두 놀라 '이게 어찌 된 일이냐?' 새롭고 권위 있는 가르침이다. 저이가 더러운 영들에게 명령하시니 그것들도 복종하는구나."(마르 1,23-27) 그렇습니다. 우리의 주님은 더러운 영, 악령들도 복종하는 권위 있는 분이십니다. 바로 이러한 주님께서 역시 우리에게도 말씀하십니다. 사촌이 땅을 사면 배가 아픈 나쁜 심보를 가진 사람들아, "조용히 하여라. 사람에게서 썩 나가라."라고 호통치시면서 꾸짖으십니다. 이제 우리는 "사촌이 땅을 사면 배가 아프다."가 아니라 "사촌이 땅을 사면 배가 부르다."라는 속담이 될 수 있도록 노력해야 하겠습니다. 이것이 바로 오래 건강하고 행복하게 살 수 있는 장수의 비결입니다. 이것이 바로 예수님을 믿는 신앙인의 길이고 행복의 길입니다. 그러므로 못된 심보를 가지고 사는 나에게 주님께서 더러운 영에게 말씀하셨듯이 오늘도 호되게 꾸짖으십니다.

"조용히 하여라. 그 사람에게서 나가라."(마르 1,25) 아멘.

세 가지 소원과 봉헌의 삶

어떤 사람이 하느님께 간절히 기도했습니다. 그는 기도를 너무나도 지극정성으로 해서 하느님께서 그에게 말씀하셨습니다. "네 소원이 무엇이냐? 세 가지만 들어주마." 이 사람은 무척 기뻐하면서 무슨 소원을 아뢸까 생각했습니다. 그런데 이 사람은 아내가 몹시 싫었던 모양입니다. 그래서 첫 번째 소원으로 "지금 마누라를 데려가시고 새 마누라를 얻게 해 주십시오."라고 하느님께 말씀드렸습니다. 소원대로 하느님께서 그의 아내를 데려가셨습니다. 장례식 날 문상객은 참 많이도 왔습니다. 그 문상객들은 한결같이 "아이고, 그 좋은 분이 돌아가셨군요." 하며 "남들 몰래 이런 일도 하고 저런 일도 하고, 참 좋은 일 많이 하셨는데, 그렇게 착하고 복된 분이 돌아가셨군요."라고 이구동성으로 죽은 아내를 칭찬하기 시작했습니다. 이 사람은 문상객들의 이야기를 가만히 들으면서 자기 아내를 생각해 보았습니다. 정말 좋은 아내였습니다. '이런 좋은 아내를 죽게 해 달라고 했으니 이를 어쩌지?' 그래서 두 번째 소원으로 하느님께 "제 마누라를 다시 살려 주십시오." 하고 하느님께 간절히 기도했습니다. 그러자 아내는 다시 살아났습니다. 이렇게 그 사람은 두 번째 소원을 사용했습니다. 이제 하나밖에 안 남았으니 무엇을 구할까? 아무리 생각해도 그 하나밖에 안 남은 소원을 투자할 만큼 귀한 것이 생각나지 않았습니다. 그래서 그 사람은 아예 하느님께 여쭈어보기로 했습니다.

"하느님, 제게 가장 무엇이 필요한지 좀 가르쳐 주십시오." 그러자 하느님께서 바로 말씀하셨습니다. "지금 받은 은혜에 감사하는 마음을 달라고 기도해라." 이렇게 해서 그는 정말 세 번째 소원을 이렇게 기도하는 데 사용했다고 합니다. "현재 내 처지 이대로 좋습니다. 이대로도 분에 넘칩니다. 너무 행복합니다. 감사합니다!"

형제자매 여러분, '세 가지 소원'을 하느님께서 들어주신다면 여러분은 무엇을 청하시겠습니까? 예화대로 '지금 받은 은혜에 감사하는 마음을 달라고 기도하는 것', 이것이 바로 여러분의 소원이 되어야 할 것입니다. "현재 내 처지 이대로 좋습니다. 이대로도 분에 넘칩니다. 너무 행복합니다. 감사합니다!" 바로 이런 삶이 봉헌의 삶일 것입니다. 우리는 오늘 주님 봉헌 축일이 지났습니다만, 주님을 상징하는 초를 봉헌하고 축복합니다. 형제자매 여러분, '봉헌'이 무엇입니까? 봉헌은 바치는 것을 말합니다. 그러면 하느님께 무엇을 바쳐야 하겠습니까? 소나 양을 제단에 바치는 것이 아니라, 진정한 의미에 있어서 봉헌은 나 자신을 바쳐야 합니다. 아브라함이 당신 아들 이사악을 번제의 제물로 바쳤듯이 말입니다. 하나뿐인 나 자신의 목숨을 바친다는 것은 대단히 어렵습니다. 그래서 나 자신의 생명을 대신하는 소나 양을 제단에 바쳤습니다.

교황 요한 바오로 2세 교황님께서 1997년 주님의 봉헌 축일을 '봉헌 생활의 날' 곧 '축성 생활의 날'로 정하고, 자신을 주님께 봉헌한 수도자들을 위한 날로 삼았습니다. 그래서 해마다 이날 교회는 수도자들을 기억하는 한편, 젊은이들이 봉헌 생활로 초대하시는 하느님의 부르심에 응답하도록 기도할 것을 권고하십니다. 이런 의미에서 늦게나마 봉헌의 날을 맞이하신 수녀님들께 축하를 드립니다. 예수님의 부모님은 가난했기 때문에 양이 아니라 비둘기 두 마리를 봉헌했다고 합니다. 요즘 교회에서는 주님을 상징하는 초를 대신 봉헌하고 축복하고 있습니다. 주님 봉헌의 완성은 십자가상의 제헌으로 완성됩니다. 이러한 의미에서 예수님은 초처럼 자기 자신을 십자가상에 전적으로 봉헌하심으로써 세상 구원의 빛이 되셨습니다.

형제자매 여러분, 오늘 복음 말씀을 보면, 열병으로 몸져누워 계시는 시몬의 장모를 주님께서 일으켜 세우십니다. 주님께서 손을 잡아 일으키시니 열이 가셨다고 합니다. 그러자 부인은 "그들의 시중을 들었다."라고 합니다. 여기에서 "시중을 들었다."라는 것은 무슨 말이겠습니까? 손님 접대를 한 것이 아니라 봉사를 통한 따름을 말합니다. 여기에서의 봉사는 사랑과 헌신의 행위를 말합니다. 더 나아가 재산까지 바치고 봉사하면서 예수님을 따랐음을 말하는 것입니다. 어떻게 생각하면 진정한 의미에서 '봉헌의 삶'을 말합니다.

형제자매 여러분, 그러므로 우리도 시몬의 장모처럼 주님으로부터 은혜를 받았으면 즉시 봉헌의 삶을 살아갈 수 있도록 해야 하겠습니다. 조금 전 예화 '세 가지 소원'에서 마지막 소원으로 무엇을 청했다고 했습니까? "지금 받은 은혜에 감사하는 마음을 달라."라고 했듯이 시몬의 장모는 바로 그런 삶을 행동으로 실행했습니다. 현재의 삶에 만족하면서 감사하는 삶을 사는 것, 이것이 봉헌의 삶이 아니고 무엇이겠습니까?

또한, 두 번째로 봉헌의 삶이 되기 위해서는 예수님처럼 기도해야 하겠습니다. 이른 새벽에 외딴곳에서 기도하셨듯이 말입니다. 기도를 통해서 하느님의 말씀을 생각하고 반성하고 새로운 계획을 세우고 점검한다면 매일의 삶이 봉헌의 삶이 될 것입니다. 매일 세 가지 소원을 주님의 뜻을 이루기 위해서 봉헌해 보시기 바랍니다.

셋째로 봉헌의 삶이 되기 위해서 복음을 선포해야 합니다. "다른 이웃 고을들을 찾아가자. 그곳에도 내가 복음을 선포해야 한다. 사실 나는 그 일을 하려고 떠나온 것이다."(마르 1,38)

형제자매 여러분, 이 복음 선포를 위해서 전교 대상자 3명을 정해 놓고 "하느님, 저의 소원은 올해 이 3명을 전교시키는 것입니다. 이웃에 있는 철수 아버지와 영희 엄마 그리고 제 남편입니다. 저의 전교를 위한 3가지 소원을 꼭 들어주십시오."라고 말입니다. 주님께서 바로이 일, 복음 선포를 위해서 오셨는데, 주님의 일은 곧 나의 일입니다. 그러기에 바오로 사도의 말씀처럼 "내가 복음을 선포하지 않는다면 나는 참으로 불행할 것입니다."(1고린 9,16)라는 말씀을 명심합시다.

형제자매 여러분, 청하면 얻을 것이고 두드리면 열린다고 했습니다. 그러므로 항상 감사하면서 열심히 기도합시다!

"다른 이웃 고을들을 찾아가자. 그곳에도 내가 복음을 선포해야 한다. 사실 나는 그 일을 하려고 떠나온 것이다."(마르 1,38) 아멘!

나는 문둥이

　형제자매 여러분, 오늘 독서와 복음에서는 나병 환자가 등장합니다. 그들은 참으로 불쌍한 사람입니다. 심지어는 천형을 받았다고 하면서 '부정한 사람' 취급을 했습니다. 그래서 가족과 생이별을 해야 하고 동네에서 멀리 떠나 나환자 수용소에서 살아야만 했습니다.

　형제자매 여러분, 한하운 시인 아시지요? 오늘은 한하운 시인을 간단히 소개하겠습니다. 그는 1919년 함경남도 함주에서 출생했습니다. 본명은 '태영'입니다. 1943년 베이징 대학을 졸업하고 함경남도 도청에 근무하다 1945년에 나병 발생으로 직장을 그만두게 됩니다. 1949년 《신천지》에 〈전라도길〉 등 12편 시 발표로 시인에 등단하게 됩니다.

　형제자매 여러분, 나환자의 심정이 어떠한지 한 번이라도 생각해 보셨습니까? 나의 아픔으로, 나의 일로, 내가 나병에 걸린 '한하운이다.'라는 생각으로 이 시를 읊어 봅시다.

전라도 길 : 소록도 가는 길에

> 가도 가도 붉은 황톳길
> 숨 막히는 더위뿐이더라.

낯선 친구 만나면
우리들 문둥이끼리 반갑다.

천안 삼거리를 지나도
쑤세미 같은 해는 서산에 남는데

가도 가도 붉은 황톳길
숨 막히는 더위 속으로 절름거리며
가는 길

신을 벗으면
버드나무 밑에서 지까다비를 벗으면
발가락이 또 한 개 없어졌다.

앞으로 남은 두 개의 발가락이 잘릴 때까지
가도 가도 천 리, 먼 전라도 길

손가락 한 마디

간밤에 일어서
손가락이 한 마디
머리를 긁다가 땅 위에 떨어진다.

이 뼈 한마디 살 한 점
옷깃을 찢어서 아깝게 싼다
하얀 붕대로 덧싸서 주머니에 넣어둔다.

날이 따스해지면
남산 어느 양지 터를 가려서
깊이깊이 땅 파고 묻어야겠다.

죄명은 문둥이.
이건 참 어처구니없는 벌이올시다.

아무 법문의 어느 조항에도 없는
내 죄를 변호할 길이 없다.

옛날부터 사람이 지은 죄는
사람으로 하여금 벌을 받게 했다.
그러나 나를
아무도 없는 이 하늘 밖에 내세워 놓고

죄명은 문둥이
이건 참 어처구니없는 벌이올시다.

나는 문둥이가 아니올시다

아버지가 문둥이올시다
어머니가 문둥이올시다
나는 문둥이 새끼올시다

그러나 정말은 문둥이가 아니올시다.

하늘과 땅 사이에
꽃과 나비가
해와 별을 속인 사랑이
목숨이 된 것이올시다.

세상은 이 목숨이 서러워서
사람인 나를 문둥이라고 부릅니다.

호적도 없이
되씹고 되씹어도 알 수는 없어
성한 사람이 되려고 애써도 될 수는 없어
어처구니없는 사람이올시다.

나는 문둥이가 아니올시다
나는 정말로 문둥이가 아닌 성한 사람이올시다.

나의 슬픈 반세기

고향 땅에 돌아왔으나, 이 꼴로 집에 들어갈 수가 없다. 더욱이 동리 사람들의 눈이 무서워서 도저히 밝은 낮에는 들어갈 수가 없었다. 진종일 밤이 오기를 기다렸다. 사람이 안 다니는 들에서 종일 굶으며 기다려야 했다. 이제는 정말로 문둥이가 된 설움이 가슴을 찢는다. 문둥이 생활로 입학하는 분함과 서러움에 하루 종일 잔디에서 울었다. 내가 나를 생각해 보아도 내 값이 정말로 한 푼어치도 되지 않는 것 같다. 이제는 인간 폐업령이 내려졌다. 나는 원한의 피를 토하며 통곡하였다. 몇 백 번 고쳐 죽어도 자욱자욱 피맺힌 서러움과 뉘우침이 가득 찬 문둥이라는 것을 비로소 알게 되었다. 밤이 어두워진다. 모든 것을 검게 가리워 주는 밤이 온다. 나는 여기서 인간의 자유와 이상과 동경을 상징하는 노래로 '파랑새'라는 시를 읊으며 인간의 행복을 빌었다.

파랑새

나는
나는
죽어서
파랑새 되어

푸른 하늘
푸른 들
날아다니며

푸른 노래
푸른 울음
울어 예으리

나는
나는
죽어서
파랑새 되리

형제자매 여러분, 이렇게 졸지에 하루아침에 문둥이가 되고 보니 얼마나 서럽고 분하겠습니까? 원한의 피를 토하며 통곡하였을 것입니다. 파랑새처럼 얼마나 자유롭게 창공을 날고 싶었겠습니까? 그래서 죽어서도 파랑새가 되고 싶다던 그 염원, 누가 헤아리겠습니까? 그런 나병 환자가 오늘 복음을 보면 주님께 나아가 무릎을 꿇고 청합니다. "스승님께서는 하고자 하시면 저를 깨끗하게 하실 수 있습니다."(마르 1,40) 얼마나 간절한 마음으로 청했겠습니까? 예수님께서는 가엾은 마음이 드셔서 손을 내밀어 대시며 말씀하셨습니다. "내가 하고자 하니 깨끗하게 되어라."(마르 1, 41)라고 선언하십니다.

　예수님께서는 나환자의 아픔과 고통을 함께 자신의 아픔으로 느끼시며 단번에 말씀하셨습니다. 나병 환자는 '하고자 하시면 무엇이든지 하실 수 있는 전능하신 하느님'으로 예수님을 믿었습니다. 참으로 놀라운 신앙고백입니다. 그 믿음대로 응답을 얻었습니다. "내가 하고자 하니 깨끗하게 되어라." 얼마나 기뻤겠습니까? 이 체험을 그는 결코 잊으려야 잊을 수 없을 것입니다. 얼마나 감사하고 감사해야 할 일이겠습니까?

　형제자매 여러분, 나병은 고통이 없다고 합니다. 손가락, 발가락이 떨어져 나가도, 코가 문드러져도 고통이 없다는 것입니다.

　이와 마찬가지로 우리는 죄를 지어 속이 썩어 들어가도, 속이 문드러져도 그것을 알지 못합니다. 우리는 죄를 짓고 또 지어도 아픔을 못 느낍니다. 그러므로 이러한 의미에서 우리 역시 나병 환자와 같습니다. 죄를 지어도 그 아픔을 모르기 때문에 '나는 문둥이'입니다. 그러면 여러분은 무엇입니까? '역시 문둥이'입니다. 그러므로 주님께 오늘 복음의 나환자처럼, 저의 병을, 저의 죄를 치유해 주십사 무릎을 꿇

고 정말 간절한 마음으로 청해야 하겠습니다. "스승님께서는 하고자
하시면 저를 깨끗하게 하실 수 있습니다."(마르 1,40) 그럴 때 주님께서
"내가 하고자 하니 깨끗하게 되어라!"라고 선언해 주실 것입니다. 곧
우리 주님께서는 한하운 시인의 희망처럼, 우리 모두를 죄와 병고에
서 벗어나 '파랑새'가 되어, 행복하게 훨훨 자유롭게 날 수 있도록 해
주실 것입니다.

"스승님께서는 하고자 하시면 저를 깨끗하게 하실 수 있습니다."(마르
1,40) 아멘!

✝ 사순 시기 ✝

염라대왕이 사표를 쓴 이유

형제자매 여러분, 난센스 퀴즈 하나 내겠습니다. 한번 맞춰 보시기 바랍니다.

최근 뉴스에 따르면 염라대왕이 사표를 썼다고 합니다. 그 이유가 무엇인지 알고 계십니까? 잘 모르시겠다면 힌트를 드리겠습니다. 다음 네 나라 사람 중에서 어느 한 나라 사람 때문에 염라대왕이 사표를 썼다고 하는데, 과연 어느 나라 사람 때문이겠습니까? 보기를 드리면, 미국, 일본, 중국, 한국 사람입니다. 이 중에 어느 나라 사람이겠습니까? 바로 한국 사람 때문에 염라대왕이 사표를 썼다고 합니다. 그 이유가 무엇이겠습니까?

그 이유는 첫째, 얼굴 성형수술 때문입니다. 연예인을 따라잡기 위해서 지금 한국에서는 얼굴 성형수술이 대유행입니다. 심지어 연예인 누구와 얼굴을 똑같게 성형수술을 해 달라고 하든지, 눈은 누구를 닮고, 코는 또 누구 코와 똑같이, 또 뺨은 누구 뺨처럼 예쁘게 해 달라고 해서, 얼굴 성형수술을 했기 때문에 다 비슷하고 똑같아 보입니다. 그러므로 염라대왕이 긴가민가해서, 착각해서 천국 갈 사람 지옥 보내고, 지옥 갈 사람을 천국으로 보냈습니다. 바로 이 일 때문에 하느님께서 노발대발해서 염라대왕에게 그만 사표를 쓰라고 했기 때문이랍니다.

그 두 번째 이유는 찜질방 때문입니다. 한국 사람들은 찜질방을 대단히 좋아합니다. 맥반석을 달군 돌 앞에 서서 불을 쬡니다. 황토 토굴 숯 찜질방에서 땀을 뻘뻘 흘리면서 시원하다고, 뜨겁고 좋다고 하면서 지집니다. 그래서 한국 사람들은 모두 다 찜질방에 단련이 되어 있어서 뜨거운 불도 잘 견디어 냅니다. 그런데 염라대왕이 지옥에 온 사람들에게 "이놈들, 맛 좀 봐라!" 하면서 뜨거운 유황불을 내보냈는데, "얘들아, 유황불 나왔다. 찜질하자." 하면서 지옥 불도 안 두려워하고 불을 쬔다는 것입니다. 그래서 염라대왕도 두 손 바짝 들었다고 합니다.

형제자매 여러분, 유머지만, 참으로 그럴듯합니다. 왜 이런 얘기를 하는가 하면, 사순절을 맞이해서 오늘 복음에서 예수님께서는 "회개하고 복음을 믿어라."(마르 1,15)라고 말씀하셨습니다. 그러면 회개가 무엇이겠습니까? '회개'란 한마디로 성형수술을 하는 것입니다. 염라대왕도 몰라볼 수 있도록 얼굴을 아름답게 성형수술을 하는 것이 아니라, 마음을 아름답게 성형수술을 하는 것입니다. 곧 요엘 예언자의 말씀처럼, "옷이 아니라 너희 마음을 찢어라."(요엘 2, 13)라는 것입니다. 마음을 확 뜯어고치는 것, 나쁜 마음을 좋은 마음으로, 부정적인 마음을 긍정적인 마음으로, 이 세상의 삶에서 하늘나라 삶으로, 하느님을 등졌다가 다시 하느님께로, 불일치에서 일치로, 미움에서 용서와 화해로, 곧 심보를 바꾸라는 것입니다. "얼굴만 예쁘다고 여자냐? 마음이 고와야 여자지."라는 유행가 가사처럼 마음을 아주 아름답고 예쁘고 곱게, 깨끗하게 성형수술을 하는 것, 이것이 회개라는 것입니다.

형제자매 여러분, 한국 사람들은 찜질방에 단련되어 있어서 지옥의 유황불도 안 뜨겁고 두렵지도 않다고 했는데, 우리도 단련해야 합니다. 운동선수가 단련하듯이 단련하면 단련할수록 늘게 마련입니다. 그러면 사순절 동안 어떤 단련을 해야 하겠습니까?

사순절을 맞이해서 예수님의 십자가와 수난을 묵상하면서 스스로 단련하면 좋겠습니다. 곧 남을 위해서 희생하는 것, 봉사하는 것, 나눔을 실천하는 것, 자선을 베푸는 것입니다. 곧 단식과 기도와 자선입니다. 단식과 기도와 자선은 해 본 사람이 많이 하게 되고 자주 하게 됩니다.

우리는 지난 재의 수요일 날, 머리에 재를 받으면서 "회개하고 복음을 믿어라." "사람아, 너는 흙에서 왔으니 다시 흙으로 돌아갈 것을 생각하라."라는 말씀을 들었습니다. 이렇게 인간은 아무것도 아닙니다. 지가 아무리 잘났고 예쁘다고 뽐내 봐도 흙에서 먼지로 돌아갈 존재입니다. 천년만년 살 것처럼 아무리 재산을 많이 모으고 돈을 많이 벌어도, 높은 권력과 부귀영화를 누릴지라도 한 줌의 재로 돌아갈 존재인데 그렇게 욕심을 부리고 아옹다옹 싸울 필요가 하나도 없습니다. 빈손으로 왔다가 빈손으로 떠나가야 하는 나그네 인생이기 때문입니다. 역시 야고보 사도의 말씀대로 "여러분은 잠깐 나타났다가 사라져 버리는 한 줄기 연기일 따름이다"(야고 4,14)라는 사실을 명심해야 하겠습니다.

그러므로 형제자매 여러분, 사순절 동안 지나친 욕심을 버리고 자기 자신을 비우고 우리 모두 심보를 바꾸어야 하겠습니다. 이것이 진정한 의미에 있어서 회개이고 사순절에 우리가 해야 할 일입니다. 한마디로 "회개하고 복음이신 예수님을 받아들이고 믿어라."라는 말씀입니다.

> "회개하고 복음을 믿어라."(마르 1,15) 아멘!

나는 그 순간에 주님께 무슨 말을?

예수님께서 제자들에게 수난 예고를 하셨습니다. "나는 원로들과 대사제들에게 넘어가서 많은 고난을 받고 죽었다가 사흘 만에 다시 살아날 것이다." 이 말씀을 듣고 제자들은 몹시 실망했습니다. 어떻게 우리 스승님께서 그렇게 돌아가실 수 있는가? 높은 왕좌에 앉으실 분인데…. 아무리 생각해도 도무지 이해할 수 없었습니다. 이런 제자들에게 위로차 사랑하는 제자들을 데리고 타볼산에 오르셨습니다. 그런데 예수님께서 기도하시는 가운데 휘황찬란한 모습으로 변모하셨습니다. 하늘에선 모세와 엘리야가 나타나서 주님과 대화를 나누고 계십니다. 하늘의 구름 속에선 "이는 내가 사랑하는 아들이니 너희는 그의 말을 들어라."(마르 9,7)라는 소리까지 들려왔습니다. 그때 베드로는 예수님의 변모된 모습을 보고 "스승님, 참 좋습니다. 우리 여기서 집을 짓고 삽시다. 스승님을 위해서 초막집을 지어 드리겠습니다. 또한, 모세와 엘리야를 위해서도…."라고 말씀드렸습니다.

형제자매 여러분, 만약에 이 순간에 내가 바로 그 자리에 주님과 함께 있었다면 여러분은 주님께 무슨 말을 했겠습니까? 대답을 듣기 전에 먼저 다른 질문부터 하나 하겠습니다. 형제자매 여러분, 외국에 성지순례 가서 신자들이 제일 먼저 하는 일은 무엇이겠습니까? 사진 찍는 것입니다. 기념 촬영을 하는 것입니다. 한국 사람들은 외국에 나가면 제일 먼저 사진부터 찍는다는 것입니다. 인증 샷이지요. 이제 본 질문으로 돌아가겠습니다. 예수님의 거룩한 변모 때 만약 그 자리에 바로 내가 있었다면, 아니 형제자매님들이 함께 있었다면, 여러분들은 예수님께 무슨 말씀을 드리겠습니까?

자매님 같으면, "예수 오빠, 휘황찬란하고 참 보기에 좋습니다. 우리 함께 사진 한 장 찍읍시다. 예수 오빠, 웃어요. 김치! 이왕이면 모세와 엘리야 예언자도 함께 오세요. 빨리 오세요. 치이-즈!" 아마 이렇게 기념 촬영을 했을 것입니다. 또 예수님 변모 때 만약에 내가 있었다면, 특히 형제분들이 함께 있었다면 예수님께 무슨 말씀을 드렸겠습니까? "예수 형님, 참 황홀하고 좋습니다. 기분도 대단히 좋습니다. 오랜만에 모세와 엘리야 예언자도 만났으니 다 함께 술 한잔합시다! 참으로 반갑습니다. 건배! 우리들의 만남을 위하여!" 아마 이렇게 말씀드렸을 것입니다.

한마디로 베드로는 주님의 변모 모습을 보고 뿅 갔습니다. 왜 예수님께서 이런 휘황찬란한 모습을 제자들에게 보여 주었겠습니까? 제자들은 예수님의 수난 예고 말씀을 듣고 무척 실망했습니다. "나는 원로들과 대사제들에게 넘어가 많은 고난을 받고 죽었다가 사흘 만에 다시 살아날 것이다." 어떻게 우리의 주님께서 십자가에 못 박혀 돌아가시게 되는가? 말도 안 된다. 우리는 모든 것을 버리고 주님을 따랐는데 그러면 우리는 어찌하라고? 우리는 망했다. "절대로 안 됩니다. 예수님, 당치도 않은 말씀입니다." 이렇게 제자들은 펄쩍 뛰었습니다. 이 일로 제자들은 풀이 죽어 있었습니다. 한숨만 푹푹 쉬고 있었습니다. 그래서 예수님께서는 사랑하는 제자들에게, 주님의 수난 예고 때문에 실망한 제자들에게 부활에 대한 주님의 영광스러운 모습을 맛보기로 보여 주셨습니다. 힘내라고 말입니다.

그런데 베드로가 주님을 위해서, 모세와 엘리야를 위해서 초막 셋을 지어 함께 살자고 했습니다만, 주님은 그게 아니었습니다. 과연 모세와 엘리야가 주님의 변모 순간에 나타나서 주님과 무슨 말씀을 주고받았을까요? 그것은 장차 예루살렘에서 겪어야 할 당신의 수난 이야기를 나누었습니다. 이 고난의 잔을 어떻게 할까? 과연 아버지의 뜻을 이루기 위해서는 어떻게 해야 하는가? 이런 문제들을 나누었을 것입니다.

오늘 첫 번째 독서를 보면, 아브라함이 외아들 이사악을 하느님의 말씀에 순종하여 제단에 바칩니다. "너의 아들, 네가 사랑하는 외아들 이사악을 데리고 모리아 땅으로 가거라. 그곳, 내가 너에게 일러 주는 산에서 그를 나에게 번제물로 바쳐라."(창세 22,2) 이때 아브라함의 고통이 어떠했겠습니까? "차라리 하느님, 저를 바치라고 하시지요. 어떻게 하나밖에 없는 외아들을 바치라고 하십니까? 그것도 늘그막에 주셨다가 그 아들을 바치라고 하시니 저는 앞으로 어떻게 살라고 그러십니까?" 그렇게 말하지도 않고 하느님 말씀에 순종했습니다. 제단 위에 장작더미를 쌓아 놓고 그 위에 아들을 눕혀 놓고 칼을 들어 죽이려는 순간, 주님의 천사가 "아브라함아, 아브라함아! 예, 여기 있습니다. 그 아이에게 손대지 마라. 그에게 아무 해도 입히지 마라. 네가 너의 아들, 너의 외아들까지 나를 위하여 아끼지 않았으니, 네가 하느님을 경외하는 줄을 이제 내가 알았다."(창세 22,9-12) 곧 "이젠 너의 믿음을 알았으니 너에게 한껏 복을 내리고 너의 후손을 하늘의 별과 같이 많게 해 주겠다."라는 축복을 내려 주셨습니다.

형제자매 여러분! 오늘 두 번째 독서를 보면, 하느님께서는 하나밖에 없는 외아들 예수님을, 귀중한 외아들을 인류의 구원을 위해 내어 주신다는 것입니다. 수난 예고를 하신 것처럼 인류의 구원을 위해서 그의 아들 예수님의 십자가가 꼭 필요하다는 것입니다. 그러기에 예수님께서는 "누구든지 나를 따르려거든, 자기 자신을 끊고 자기 십자가를 지고 따르라."라고 말씀하셨습니다."

형제자매 여러분, 오늘 복음에서 예수님께서는 영광에 도달하기 위해서는 십자가가 꼭 필요하다는 것을 강조하시면서 오늘 당신의 제자들에게 맛보기로 부활의 영광스러운 당신의 모습을 미리 보여 주셨습니다.

그러므로 우리도 희망과 기쁨을 안고 이 사순절 동안 자기 자신에게 주어진 십자가를 열심히 지고 갈 수 있도록 노력해야겠습니다. 왜냐하면, 십자가 저편에는 무한한 영광이 있기 때문입니다. 또한, 하느님 아버지께서는 역시 우리에게도 아브라함에게 내리신 축복을 내려 주시기 때문입니다.

> "이는 내가 사랑하는 아들이니 너희는 그의 말을 들어라."(마르 9,7) 아멘!

하느님은 당신에게 몇 번째인가?

예수님께서는 예루살렘으로 올라가십니다. 왜냐하면, 예루살렘으로 파스카 축제를 지내기 위해서 올라가십니다. 이 파스카는 이스라엘 백성의 대축제입니다. 이집트 노예살이에서 해방된 것을 기념하는 날입니다. 이날에는 외국에 나가 있는 이스라엘 백성들도 본국으로 돌아옵니다. 그래서 예루살렘은 대혼잡을 이룹니다. 그리고 모두 다 성전에 제물을 바쳐야 하는데 그들에게 편의를 제공해 주기 위해서 성전 마당에서 제물을 팔고 있었습니다. 소나 양과 비둘기들을 팔았기에 성전 마당은 오물로 더럽혀졌습니다. 또한, 제사장과 짜고는 그 제물들을 아주 비싸게 팔았습니다. 심지어 성전 밖에서 사 온 제물들은 부정하다고 받아 주지도 않았기에 울며 겨자 먹기로 성전 마당에서 제물을 사야만 했습니다.

또한, 성전에 바칠 돈은 이스라엘 돈으로 꼭 환전해서 봉헌해야 하므로 환전상들이 판을 치고 있었습니다. 그들은 환전 수수료도 엄청나게 챙겼습니다. 이런 불의를 보시고 예수님께서는 몹시 화가 나셔서 성전을 정화하십니다. "성전에 소나 양과 비둘기를 파는 자들과 환전꾼들이 앉아 있는 것을 보시고, 끈으로 채찍을 만들어 양과 소와 함께 그들을 모두 성전에서 쫓아내셨다. 또 환전상들의 돈을 쏟아 버리시고 탁자들을 엎어 버리셨다. 비둘기 파는 자들에게는, '이것들을 여기에서 치워라, 내 아버지의 집을 장사하는 집으로 만들지 마라.'"(요한

2,14-16)라고 하셨습니다.

이런 예수님의 행동을 보고 유대인들이 달려듭니다. "당신은 무슨 권리로 이러는가? 당신이 이런 일을 해도 된다는 징표를 보여라."라고 했습니다. 그래서 예수님께서 "이 성전을 허물어라. 그러면 내가 사흘 안에 다시 세우겠다."라고 말씀하셨습니다. 그러자 유대인들이 "이 성전을 짓는 데, 46년이나 걸렸는데 사흘 안에 짓겠다니 말도 안 되는 소리를 하지 마라."라고 했습니다. 곧 예수님께서 말씀하신 성전은 당신의 몸을 두고 하신 말씀입니다. "예수님께서 죽은 이들 가운데에서 되살아나신 뒤에야, 제자들은 예수님께서 이 말씀을 하신 것을 기억하고, 성경과 그분께서 하신 말씀을 믿게 되었다."(요한 2,22)라고 합니다.

형제자매 여러분, 그러면 성전이 무엇입니까? 성전은 첫째, 기도하는 집, 제사를 봉헌하는 곳, 하느님께서 머무르시는 곳입니다. 둘째로 성전은 오늘 복음에서 말씀하시듯이 예수님의 몸을 말하는 것입니다. "이 성전을 허물어라. 3일 만에 다시 세우겠다."라고 하는 이 말씀은 당신의 죽음과 부활을 말씀하십니다. 또 예수님께서는 "나를 통하지 않고서는 아무도 아버지께 갈 수 없다."라고 말씀하셨는데, 예수님 당신이 바로 하느님께로 가는 길이시고 하느님을 만날 수 있는 유일한 방법이라는 것입니다. 그러므로 주님은 성전이십니다. 그리고 셋째로 주님이 성전이시라면 우리도 성전입니다. 왜냐하면, 우리는 그리스도를 머리로 하는 지체이기 때문입니다. 그렇다면 역시 그 지체인 우리도 성전입니다. 그래서 바오로 사도는 "여러분이 하느님의 성전이고 하느님의 영께서 여러분 안에 계시다는 사실을 여러분은 모르십니까? 누구든지 하느님의 성전을 파괴하면 하느님께서도 그자를 파멸시킬 것입니다. 하느님의 성전은 거룩하기 때문입니다. 여러분이 바로 하느님의 성전입니다."(1코린 3,16-17)라고 말씀하십니다.

형제자매 여러분, 우리는 미사에 참여하여 성체를 통해 오시는 예수님을 우리 마음 안에 모십니다. 예수님을 우리 마음에 모시기 때문에, 예수님이 우리 마음에 거하시기 때문에 역시 우리 몸은 성전이 됩니다. 그러므로, 성전인 우리 몸을 깨끗하게 잘 관리해야 하겠습니다. 또한, 정화해야 하겠습니다.

어느 날 어머님께서 며느리와 아들이 나누는 얘기를 엿들었습니다. 그 내용은 이렇습니다. 며느리가 아들에게 "자기야, 이 세상에서 누가 제일 좋아?" 그러니까 아들이 "그야 물론 당신이지."라고 대답합니다. 그래서 며느리가 "그다음은 누가 좋아?" 그러니까 아들은 "우리 귀여운 아들이지." "그럼 세 번째는?" "그야 물론 예쁜 자기를 낳아 주신 장모님이지." "그럼 네 번째는?" "음, 우리 집 애견 멍멍이지." "그럼 다섯 번째는?" "당근 우리 엄마!"

문밖에서 우연히 이 이야기를 엿들은 시어머니가 다음 날 나가면서 냉장고에 메모지를 붙여 놓았습니다. 뭐라고 붙여 놓았겠습니까? "첫 번째 보아라. 다섯 번째는 노인정 간다~~~"

형제자매 여러분, 며느리가 첫째이고, 둘째는 자식들이고 셋째는 장모고, 넷째는 애완견이고 다섯째가 엄마라네요. 이의 있으십니까? 실망하지 마세요. 어머님이나 아버님이 다섯 번째이면, 하느님은 과연 나에게 있어서 몇 번째가 되겠습니까? 〈하느님은 3등입니다〉라는 글을 들어 보시면 짐작할 수 있을 것입니다.

하느님은 3등입니다 - 작자 미상

1등은 하고 싶은 일,

2등은 해야 하는 일,

3등은 하느님 만나는 일,

하고 싶은 일 다 하고,

해야 하는 일도 다 마치고,

그 후에 여유가 있으면 하느님을 만나 줍니다.

하느님은 3등입니다.

어려운 일이 생길 때도 하느님은 3등입니다.

내 힘으로 한번 해 보고,

그래도 안 되면 가까이 있는 사람에게 도와달라고 하고

그나마도 안 될 때 하느님을 부릅니다.

하느님은 3등입니다.

거리에서도 3등입니다.

내게 가장 가까이 있는 것은 내 자신

그다음은 내 마음을 알아주는 사람

그다음에야 저 멀리 하늘에 계신 하느님이십니다.

하느님은 3등입니다.

그런데 하느님께서는 나에게 1등입니다.

무슨 일이 있어도 내가 부르기만 하면 도와주십니다.

내가 괴로워할 때는 만사를 제쳐 놓고 달려오십니다.

아무도 내 곁에 없다.

생각 들 때는 홀로 내 곁에 오셔서 나를 위로해 주십니다.

나에게 하느님은 언제나 1등입니다.

나도 하느님을 1등으로 생각했으면 좋겠습니다.

만사를 제쳐 놓고 만나고
작은 고비 때마다 손을 내미는
나도 하느님을 1등으로 모셨으면 좋겠습니다.
내게 1등이신 하느님을
나도 1등으로 모시고 싶습니다.

　형제자매 여러분, 여러분에게 하느님은 몇 등이십니까? 가족 중에서 어머님, 아버님이 5번째이니까, 그리고 내 모든 일에서 하느님은 3등이니까 5×3=15. 그러니까 15번째가 하느님이십니다. 이래도 되겠습니까? 이런저런 핑계로 주일미사에 잘 참여하지 않는 것을 보면, 확실한 것 같습니다.

　하느님께서는 언제나 우리에게 1등으로 달려오시는데, 우리도 이젠, 우리 마음에 예수님을, 주님을, 하느님을 1등으로 모시는 성전이 될 수 있도록 노력해야 하겠습니다. 기쁨으로 하느님을 모실 수 있도록, 평안히 내 안에 거하실 수 있도록, 내 몸인, 성전을 정화할 수 있도록 노력해야 하겠습니다. 특히 사순절을 맞이하여, 참회하고 용서와 자비를 베풀고, 선행과 공로를 쌓으며 재계의 삶을 통해서 우리 자신을 정화해야 하겠습니다. 이렇게 할 때 하느님은 내 안에 평안히 거하실 수 있는 참된 의미의 성전이 될 수 있을 것입니다. 아멘.

내 인생의 내비게이션이신 예수님

우리들의 삶에 있어서 이정표는 대단히 중요합니다. 자동차 여행이나 어떤 목적지를 찾아갈 때 그렇습니다. 특별히 이정표가 없다면 삼거리에서 어느 길로 가야 할지 막막할 것입니다. 요즘은 내비게이션이 있어서 모든 것을 해결해 줍니다. 목적지를 설정해 놓으면 최단 거리로, 그곳에 찾아갈 수 있습니다. 어디서 좌회전을 하라고 항상 지시하면서 가르쳐 줍니다.

우리 인생도 마찬가지입니다. 어느 길로 나아가야 하는지, 이런 경우엔 어떻게 해야 하는지, 그 방향을 손쉽게 지시해 주는 내비게이션이 있다면 얼마나 좋겠습니까? 바로 내 인생에 있어서 내비게이션은 예수님이십니다. 곧 십자가에 달리신 예수님이십니다.

오늘 복음에서 "모세가 광야에서 뱀을 들어 올린 것처럼, 사람의 아들도 들어 올려져야 한다. 믿는 사람은 누구나 사람의 아들 안에서 영원한 생명을 얻게 하려는 것이다."(요한 3,14)라고 말씀하십니다. 여기에서 뱀 이야기가 나오는데 이 뱀은 구약의 이스라엘 백성들이 이집트 노예살이에서 모세의 영도에 따라 해방되어 홍해 바다를 건너 광야에서 40여 년간 방황할 때의 일입니다. 그들은 배가 고파 하느님을 원망했습니다. 목마를 때도 역시 그러했습니다. "당신들은 어쩌자고 우리를 이집트에서 올라오게 하여, 이 광야에서 죽게 하시오? 양식도 없고 물도 없소. 이 보잘것없는 양식은 이제 진저리가 나오."(민수 21,5) 이렇게 이스라엘 백성들은 "하느님께서 친히 내려 주신 만나도 이제 진저리가 난다."라고 불평을 해 댔습니다. 이런 백성에게 하느님께서는 벌을 내렸습니다. 불뱀이 나타나 그들을 물어 죽게 했습니다. 그때 백성들은 하느님께 매달리며 불평하여 죄를 지었으니 도와달라고 애원하였습니다. 하느님께서 모세에게 "장대에다 구리로 뱀을 만들어서 매달아라."라고 하셨습니다. 모세가 그렇게 했더니 그 뱀을 본 사람들은 살 수 있었습니다.(민수 21,6-9)

형제자매 여러분, "모세가 광야에서 뱀을 들어 올린 것처럼, 사람의 아들도 들어 올려져야 한다. 믿는 사람은 누구나 사람의 아들 안에서 영원한 생명을 얻게 하려는 것이다."(요한 3,14)라고 오늘 복음에서 말씀하십니다. 이 말씀은 예수님께서 십자가 나무에 높이 달리신다는 수난 예고입니다. 구리뱀을 보고 치유를 받았듯이 십자가 나무에 달린 예수님을 바라보고 죄 많은 인간이 치유를 받을 수 있도록, 영원한 생명에 참여할 수 있도록 십자가에 달리신다는 것입니다. 그런 의미에서 절망에 놓인 사람은 십자가를 바라봄으로써 치유를 받고 영생에 참여할 수 있다는 것입니다. 길을 잃고 방황하는 죄인들은 바로 이 십자가를 바라봄으로써 그 죄를 용서받고 위안을 받으며 올바르게 영원한 생명에 참여할 수 있습니다. 그러기에 주님의 십자가는 우리 인생의 내비게이션입니다.

한 젊은이가 여름밤에 늘 수영을 하던 실내 수영장을 찾아갔습니다. 시원한 물에 첨벙 다이빙을 하려고 말입니다. 아무도 없는 수영장은 조용했습니다. 젊은이는 갑갑한 마음을 빨리 떨쳐 버리고 싶었는지 불도 켜지 않은 채 급히 옷을 벗었습니다. 그리고 높이가 약 30여 미터나 되는 제일 높은 다이빙대 위로 올라갔습니다. 젊은이는 다이빙대에 서서 수영장 주위를 둘러보았습니다. 수영뿐만 아니라 다이빙에도 능숙했던 젊은이는 자신의 다이빙에 감탄했던 여러 사람의 얼굴을 떠올렸습니다. '그래, 아직도 세상에는 즐길 만한 일들이 많지. 에이, 다 잊고 멋지게 뛰어내려 보자.' 마음껏 뛰어내리면 마음이 후련해지려니 생각한 젊은이는 다이빙대 끝에 서서 두 팔을 양쪽으로 벌렸습니다. 그리고 심호흡을 한 번 크게 했습니다. 그런데 막 뛰어내리려는 순간 젊은이는 몸을 움츠렸습니다. 수영장 아래 비친 자기의 그림자가 십자가 모양으로 비쳤기 때문입니다. 밝은 달빛이 뒤에 있던 창문으로 스며들어 팔을 벌린 자기의 그림자를 수영장 밑바닥에 열십자 모양으로 만든 것이 아닙니까? '아니, 왜 하필이면 그림자가 꼭 십자가를 닮았을까?' 기분이 이상해진 젊은이는 한 걸음 뒤로 물러섰습니다. 그러자 십자가가 사라졌고, 젊은이는 다시 다이빙대 끝에 섰습니다. 하지만 다시 팔을 벌리고 서니 또 그 밑에 비친 그림자가 십자가 모양이 되었습니다. '저 그림자를 향해 그냥 뛰어내릴까?' 그러나 왠지 마음이 편치 않았습니다. '오늘은 아무래도 컨디션이 좋지 않은 것 같아. 그만두어야겠다.' 젊은이는 뛰어내리는 것을 포기하고 내려왔습니다.

그리고 조금 전에 자기 그림자가 십자가 모양으로 비추어졌던 곳으로 가까이 가 보았습니다. 그곳을 자세히 보던 젊은이는 깜짝 놀라 뒤로 주저앉았습니다. 젊은이의 얼굴이 하얗게 변했습니다. 손과 발이 자신도 모르게 후들후들 떨렸습니다. 갑자기 숨이 턱 막히는 것 같았습니다. 놀랍게도 수영장에는 물이 하나도 없었던 것입니다. 그날 저녁 관리인이 물을 다 뺐기 때문입니다. 젊은이는 급한 마음에 확인도 하지 않고 그냥 다이빙대에 올라간 것입니다. 만일 그냥 뛰어내렸다면 단단한 콘크리트 바닥에 어떻게 되었겠습니까? 질겁을 하도록 놀란 청년은 그 자리에서 움직이지 못하고 앉아 있었습니다. 조금 시간이 지나자

제정신이 든 청년은 깊은 생각에 잠겼습니다. '십자가 모양의 그림자가 나를 살렸구나! 수영장에 비친 십자가가 나를 살렸구나!'

형제자매 여러분, 이렇게 십자가는 구원의 십자가입니다. 한 젊은이는 수영장에 비친 십자가의 그림자를 바라봄으로써 생명을 건졌습니다. 그러므로 우리는 자주 십자가의 주님을 바라보고 간절히 기도해야 하겠습니다. 기쁠 때나 슬플 때나 어떤 경우에도, 십자가에 달리신 주님을 바라보며 의탁합시다. 그분께서 길을 밝혀 주십니다. 앞이 캄캄하더라도 주님을 바라보며 아룁시다. 우리를 언제나 빛으로 인도해 주실 것입니다. 결코, 절망 속에 헤매는 우를 범하지 않도록 해야 하겠습니다. 왜냐하면, 십자가에 달리신 주님을 바라보면, 어떠한 절망도, 고통도 해결되기 때문입니다. 또한, 우리를 어떠한 어려움과 위험 속에서라도 구원해 주시기 때문입니다. 다시 말해서 예수님은 우리 인생의 내비게이션이기 때문입니다.

그러므로 성 곤라도는 "십자가는 나의 교과서입니다. 나는 거기에서 겸손과 양순함을 배웁니다. 또한, 언제라도 십자가를 쳐다보면 즉시 내가 취할 길을 발견하고 가야 할 길에 용기를 줍니다."라고 말했습니다. 성 요한 비안네도 "십자가는 하느님이 당신의 사랑스러운 자녀들에게 주시는 선물입니다. 십자가는 하늘로 올라가는 사다리이며, 십자가는 천당의 문을 여는 열쇠이기도 합니다."라고 말씀하셨습니다. 그러므로 형제자매 여러분, 십자가를 바라보십시오. 십자가는 하늘나라의 내비게이션입니다. 형제자매 여러분, 십자가를 꼭 붙드십시오. 십자가 저편에는 영원한 안식, 생명이 있기 때문입니다. 아멘.

꼬마의 편지

이제 사순절도 막바지에 접어들었습니다. 다음 주일이면 주님 수난 성지 주일을 맞습니다. 그래서 오늘 복음에서 예수님께서는 당신 자신을 두고 한 알의 밀알에 비유해서 말씀하십니다. "사람의 아들이 영광스럽게 될 때가 왔다. 내가 진실로 진실로 너희에게 말한다. 밀알 하나가 땅에 떨어져 죽지 않으면 한 알 그대로 남고, 죽으면 많은 열매를 맺는다."(요한 12,23-24)

형제자매 여러분, 밀알의 삶을 잘 아시지요? 밀알이 썩어야, 죽어야 많은 열매를 맺는다. 진리입니다. 지금 밀알이 썩어서 그 싹이 새파랗게 밭에 올라와 있을 것입니다. 여러분, 감자나 고구마 심어 봤어요? 감자는 눈을 한두 개 두고 쪼개서 심습니다. 그러면 그 눈에서 싹이 터져 나와 자라게 됩니다. 그 쪼개어 심은 감자는 썩어 거름이 되고요. 나중에 감자 캘 때 그 뿌리를 캐 보면 감자가 주렁주렁 달려 있는데, 처음에 쪼개어 심은 그 감자는 빈 껍데기가 되어 매달려 있는 것을 볼 수 있습니다. 고구마도 쪼개어 심나요? 고구마는 싹을 내지요. 싹 내는 그 고구마를 보면, 고구마에서 눈마다 싹이 나오는데 그 싹이 크면 그 줄기를 잘라서 심습니다. 원래 고구마는 썩어 싹 줄기의 영양분이 됩니다. 썩어야만, 죽어야만, 많은 열매를 맺는다는 것이 사실입니다. 이 평범한 진리를 가지고 예수님은 오늘 우리에게 말씀하시는데, 사람도 썩어야, 죽어야 많은 열매를 맺는다고 말씀하십니다. 그러면 어떻게 썩어야, 죽어야 하겠습니까?

형제자매 여러분, 〈TV 동화 행복한 세상〉을 보신 적이 있지요? 오늘은 옛날 〈TV 동화 행복한 세상〉에 소개되었던 '꼬마의 편지'를 소개해 드리겠습니다.

일을 마치고 집으로 돌아오는 길이었습니다. 난 그날도 평소처럼 집 앞 횡단보도를 걸어오다 그만 시속 80km로 달리는 차와 부딪쳐 중상을 입었습니다. 나는 기적적으로 생명을 건졌으나 의식이 돌아옴과 동시에 깊은 절망에 빠졌습니다. 시력을 잃었기 때문입니다. 아무것도 볼 수 없었고 결국 아무 일도 할 수 없게 되었습니다. 중환자실에서 일반 병실로 옮기면서 7살 된 소녀와 같은 병실을 쓰게 되었습니다.

그런데, 그 7살 꼬마 아이가 뚱딴지같이 말을 했습니다.

"아저씨, 아저씨 여긴 왜 왔어? 그렇게 눈에 붕대를 감고 있으니 꼭 미라 같아."

"꼬마야, 아저씨 혼자 있게 좀 내버려 둬!"

"그래, 아저씨, 그런데 언제라도 아저씨 기분 풀릴 때 말해. 난 정혜야, 오정혜! 그동안 친구가 없어서 심심했는데 같은 병실 쓰는 사람이 고작 한다는 말이 귀찮다야?" 그러면서 그 아이는 밖으로 나가 버렸습니다.

그다음 날, "아저씨, 그런데 아저씨는 왜 이렇게 한숨만 푹푹 쉬어?" 하고 그 꼬마는 말을 했습니다.

"정혜라고 했나? 너도 하루아침에 세상이 어두워졌다고 생각해 봐라. 생각만 해도 무섭지."

"근데, 울 엄마가 그랬어요. 병이란 것은 마음먹기에 달렸다고. 그래서 난 절대로 날 환자라고 생각 안 해요. 그러니까 여기에 있는 모든 사람이 다 불쌍해 보여. 얼마 전 그 침대 쓰던 언니가 하늘에 갔어. 엄마는 그 언니 착한 아이라서 하늘의 별이 된다고 했어. 별이 되어서 어두운 밤에도 사람들을 무섭지 않게 환하게 해 준다고."

어느새 그 꼬마와 나는 병원에서 소문난 커플이 되었습니다. 그 아이는 나의 눈이 되어 내 손을 잡고 저녁마다 산책을 했습니다. 7살 꼬마 아이라고는 믿기 어려운 어휘로 주위 사람, 풍경 얘기 등을 들려주었습니다.

"아저씨. 김 선생님이 어떻게 생겼는지 알아?" "글쎄." "코는 완전 딸기코에다 입은 하마 입, 그리고 눈은 족제비같이 생겼다? 크크~ 정말 도둑놈같이 생겼어! 나 첨 병원 오던 날, 그 선생님 보고 집에 가겠다고 막 울었어." "허허허."

"아저씨 왜 웃어?" "아니, 그 김 선생 생각하니까 그냥 웃기네. 꼭 목소리는 텔레비전에 나오는 탤런트나 성우처럼 멋진데 말이야. 하하하하…. 근데 정혜는 꿈이 뭐야?"

"음, 나 아저씨랑 결혼하는 거." "에이, 정혜는 아저씨가 그렇게 좋아?" "응." "그렇게 잘생겼어?" "음, 그러고 보니까 아저씨 되게 못생겼다. 꼭 포켓몬스터 괴물 같아."

2주 후, 나는 병원에서 퇴원하게 되었습니다. 그 아이는 울면서 말했습니다. "아저씨, 나 퇴원할 때 되면 꼭 와야 돼, 알겠지? 약속." "그래, 약속." 우는 그 아이의 가녀린 새끼손가락에 고리를 걸고 약속했습니다. 그리고 2주일이 지난 어느 날 전화가 왔습니다. "최호섭 씨죠? 축하합니다. 안구 기증이 들어왔습니다." "진짜요? 정말 감사합니다." 나는 하늘로 날아갈 것 같았습니다. 일주일 후, 나는 이식 수술을 받고 3일 후에는 드디어 꿈에도 그리던 세상을 볼 수 있게 되었습니다. 난 너무도 감사한 나머지 병원 측에 감사 편지를 썼습니다. 그리고 안구 기증자를 만나게 해 달라고 부탁했습니다.

그런데 이게 웬일인가! 기증자는 다름 아닌 그 꼬마 아가씨 오정혜였던 것입니다. 나중에 안 사실이지만 바로 내가 퇴원하고 일주일 뒤에 정혜의 수술이 있었습니다. 그 아이는 백혈병 말기 환자였던 것입니다. 난 그 아이의 부모님을 만났습니다. "정혜가 아저씨를 많이, 좋아했어요. 수술하는 날 아저씨를 많이 찾았어요."

정혜의 어머니는 차마 말을 이어 가질 못했습니다. "정혜는 자기가 저 세상에 가면 꼭 눈을 아저씨 주고 싶다고, 그리고 꼭 이 편지 아저씨에게 전해 달라고…."

또박또박 적은 편지에는 7살짜리 글씨로 이렇게 쓰여 있었습니다.

"아저씨! 나 정혜야. 이제 저기 수술실에 들어간다. 전의 옆 침대 언니도 하늘로 갔는데. 정혜도 어떻게 될지는 모르겠어. 내가 만일 하늘로 가면. 나 아저씨 눈 할게. 그래서 영원히 아저씨랑 같이 살게. 하지만 수술실에서 나오면 아저씨랑 결혼할래. 아저씨랑 결혼해서 행복하게 살래…."

이 편지를 읽고 짠한 마음이 들어, 내 눈에는 나도 모르게 두 줄기 눈물이 흘러내리고 있었습니다.[2]

형제자매 여러분, 참으로 감동적인 얘기입니다. 여러분은 이 '꼬마의 편지'를 읽고 무엇을 느꼈습니까? 참으로 감동적인 동화 같은데, 실제로 있었던 일이랍니다.

형제자매 여러분, 오늘 복음에서 예수님께서는 "밀알 하나가 땅에 떨어져 죽지 않으면 한 알 그대로 남고, 죽으면 많은 열매를 맺는다."(요한 12,24) 라고 말씀하십니다. 예수님께서는 십자가상의 죽음으로 곧 '땅에 떨어져 죽은 한 알의 밀알'이 되셨습니다. 그리하여 온 인

---

2) https://blog.naver.com/taijiangma/20044183709

사순 시기   101

류를 살리셨습니다. 7살 정혜라는 꼬마 아가씨도 아저씨에게 눈을 내어 줌으로써 한 알의 밀알이 되었습니다.

형제자매 여러분, 우리도 사순절을 보내면서 십자가상의 예수님처럼, 우리도 자신을 내어 주는 하나의 밀알이 되어 남을 살리는 사람이 되어야 하겠습니다.

형제자매 여러분, 여러분은 어떻게 하면 한 알의 밀알이 될 수 있겠습니까? 특히 여러분 가정 안에서, 여러분은 어떻게 하면 한 알의 밀알이 될 수 있겠습니까? 또한, 여러분 성당에서, 여러분은 어떻게 하면 한 알의 밀알이 될 수 있겠습니까? 또한, 이 사회 안에서, 여러분은 어떻게 하면 한 알의 밀알이 될 수 있겠습니까?

그대로 남으면 안 되고 썩어야 합니다. 내 한 몸 썩어서 많은 열매를 맺을 수 있는 일들을 곰곰이 묵상해 보고 실천할 수 있는 은혜를 간구해야 하겠습니다.

> "밀알 하나가 땅에 떨어져 죽지 않으면 한 알 그대로 남고, 죽으면 많은 열매를 맺는다."(요한 12, 24) 아멘!

어느 며느리의 편지

아버님, 어머님 보세요!

우리는 당신의 기쁨조가 아닙니다. 나이 들면 외로워야 맞죠. 그리고 그 외로움을 견딜 줄 아는 사람이 성숙한 사람이고요. 자식, 손자, 며느리에게 인생의 위안이나 기쁨이나 안전을 구하지 마시고 외로움은 친구들이랑 달래시거나 취미 생활로 달래세요. 죽을 땐 누구나 혼자입니다. 그 나이엔 외로움을 품을 줄 아는 사람이 사람다운 사람이고 나이 들어 젊은이와 같이 살려고 하는 것은 어리석은 생각입니다. 마음만은 청춘이고 어쩌고 이런 어리석은 말씀 좀 하지 마세요. 나이 들어서 청춘이면 주책바가지인 겁니다.

늙으면 말도 조심하고 정신이 쇠퇴해 판단력도 줄어드니 남의 일에 훈수 두는 것도 삼가야 하고 세상이 바뀌니 내가 가진 지식으로 남보다 특히 젊은 사람보다 많이 알고 대접받아야 한다는 편견도 버려야 합니다. 나이 든다는 건 나이라는 권력이 생긴다는 것이 아니라, 자기 삶이 소멸해 간다는 걸 깨닫고 혼자 조용히 물러나는 법을 배우는 과정임을 알아야 합니다. 그리고 전화를 몇 개월에 한 번을 하든, 1년에 한 번을 하든 아니면 영영 하지 않아도 그것이 뭐가 그리 중요하겠어요. 그것 가지고 애들 아빠 그만 괴롭히세요.

마지막으로 이번 설날에 승훈이랑 병훈이 데리고 몰디브로 여행 가니까 내려가지 못해요. 그렇게 아시고 10만 원 어머니 통장으로 입금해 놓았으니 찾아 쓰세요.

고맙다. 며늘아~~~

형편도 어려울 텐데 이렇게 큰돈 10만 원씩이나 보내 주고~~

이번 설에 내려오면 선산 판 거 90억 하고, 요 앞에, 도로 난다고 토지 보상받은 60억! 합해서 3남매에게 나누어 주려고 했더니~~ 바쁘면 할 수 없지 뭐. 어쩌겠냐? 둘째하고 막내딸에게 반반씩 갈라 주고 말란다. 내가 살면 얼마나 더 살겠니? 여행 잘 다녀와라. 제사는 이 에미가 잘 모시마.

(며느리 답글)

어머니!

친정 부모님께 보낸 메시지가 잘못 갔네요. 친정에는 몰디브 간다고 하고서 연휴 내내 시댁에 있으려고 했거든요. 헤헤.^&^ 어머님 좋아하시는 육포 잔뜩 사서 내려갈게요.

항상 딸처럼 아껴 주셔서 감사해요~~♡

P.S. 오늘은 어머님께 엄마라고 부르고 싶네요.

"엄마! 사랑해요."❤❤❤❤

(이어지는 시어머니의 답글)

사랑하는 며늘아,

엄마라고 불러 줘서 고마운데 이걸 어떡하면 좋으니.

내가 눈이 나빠서 만 원을 쓴다는 게 억 원으로 적었네.

선산 판 거 90만 원, 보상받은 거 60만 원 해서, 제사 모시려고 장 봐 놨다. 얼른 와서 제수 만들어 다오.

사랑하는 내 딸아~~ 난 너분이다.

어머님! 그러면 그렇지요.

웬 뜬금없이 선산이다, 보상이다 했지요. 뜬금없는 돈에 잠시 제정신이 아니었나 봅니다. 아버님, 어머님 주변머리로 그만한 돈은 언감생심이지요. 어머님, 그리고 제발 편지 좀 쓰지 마세요. 노안으로 글은 무슨 글이에요. 사람 이렇게 놀라게 하는 게 어머님 취미이신가요?

아무튼, 이번 설날은 애들 아빠하고 못 내려갑니다. 그렇게 아시고 서방님하고 동서에게는 전화해 놓을 테니 그렇게 아세요.[3]

형제자매 여러분, 〈어느 며느리의 편지〉 글을 읽고 무엇을 느끼셨습니까? 이렇게 인간은 간사합니다. 며느리가 금방 몰디브로 여행 간다고 하다가 억대 재산 나누어 준다고 하니 시어머니가 졸지에 엄마가 되고 사랑한다면서 설날에 시어머니 좋아하시는 육포 사서 가지고 온답니다. 이런 인간이 다른 사람이 아니라, 바로 나 자신이라는 것을 오늘 복음에서 확인해 볼 수 있습니다. 처음에 군중들은 예루살렘에 입성하시는 예수님을 왕으로 받들어 모시면서 열렬히 환영했습니다. "호산나, 다윗의 자손이신 예수님, 찬미 받으소서!" 종려나무 가지를 손에 꺾어 들고 흔들면서 예수님을 열렬히 환영했지만, 예수님께서 성안에 들어오셨을 때 그들은 돌변했습니다. "저자는 우리의 왕이 아니니 십자가에 못 박아라!"라고 아우성칩니다. 정말 군중들은 돌변했습니다. 며느리가 시어머니 앞에서 재산 나누어 준다니까 안면을 싹 바꾸듯, 순식간에 군중들도 안면을 싹 바꾸었습니다.

---

3) https://blog.naver.com/arotte/222525927446

형제자매 여러분, 이런 두 얼굴의 인간, 과연 누구이겠습니까? 우리 자신입니다. 이런 두 얼굴의 우리 때문에 오늘도 주님께서는 십자가를 지시고 골고타 언덕을 오르십니다. 이 이율배반적인 삶 때문에, 오늘도 "주님을 십자가에 못 박는다."라는 사실을 명심해야 하겠습니다.

"이스라엘의 임금님, 높은 데서 호산나! 십자가에 못 박으시오!" 아멘!

 부활 시기

주 참으로 부활하셨도다!

"주 참으로 부활하셨도다. 알렐루야! 알렐루야!"

형제자매 여러분, 주님의 영광스러운 부활을 진심으로 축하드립니다.

형제자매 여러분, '부활(復活)'이 무엇입니까? 한자로 復는 '다시 부', 活은 '살 활, 살릴 활' 자를 씁니다. 그러니까 부활은 "죽은 사람이 다시 살아나는 것, 죽은 사람을 다시 살린다."라는 뜻입니다. 어떻게 죽은 사람이 다시 살아납니까? 어떻게 부활을 믿을 수 있겠습니까?

다음 글은 어떤 신앙인이 부활에 대한 확신감을 가지고 쓴 글입니다.

"교회 안에서 무슨 선한 일이 일어나든 악한 일이 일어나든 한 가지 결정적인 사실은 여전히 남아 있다. 예수님의 부활! 그것은 참으로 진짜다. 그분은 죽었다. 그런데 그 시체에 무슨 일이 일어났던가? 제자들이 시체를 훔쳤을까? 그렇다면 그들은 예수님이 다시(죽었다가 사흘 만에 다시) 살아나시겠다는 약속을 지키지 못한 사실을 누구보다도 잘 알았을 것이다. 그렇다면, 그들은 자동으로 예수님에 대한 모든 신앙을 버렸을 것이다. 그런데 그들 거의 모두가 순교자로서 죽었다. 세상에 자기가 가짜로 알고 있는 사실 때문에 고문을 받아 죽는 사람이 있겠는가? 제자들이 예수님의 시체를 훔치지 않았다는 사실은 이로써 분명하다.

만일 그의 시체가 적대자들 손에 들어갔다면 그리스도교는 싹도 트지 못했을 것이다. 사도들이 그리스도의 부활을 선전했을 때, 그분을 십자가에 단 사제들이 당장 그 시체를 공개했을 터이니까. 여전히 무덤에서 썩고 있는 예수님의 시체를 보았다면 하루에 수천 명씩 개종하는 일이 어떻게 일어날 수 있었겠는가? 예수님의 친구들도 원수들도 그분의 시체를 손에 넣지 못했다. 왜냐하면, 사흘 뒤에 그분은 더 이상 시체가 아니었기 때문이다. 그분은 살아나셨다. 지금도 살아 계시고 영원히 살아 계실 것이다."

이상은 나치스와 루마니아의 공산 치하에서 14년간 복역했던 신앙인(리처드 범브란트 목사)이 감옥에서 적었던 묵상 메모의 일부입니다.

형제자매 여러분, 히브리 백성들은 하느님께서 자신들을 어떻게 해서 이집트 땅 노예살이에서 해방되어 가나안 복지로 탈출시켰는지 그들은 낱낱이 보았습니다.(탈출 19,4-6) 그래서 자손 대대로 이 사실을 기억하고 기념하였습니다. 마찬가지로 예수님의 제자들은 자비로우신 하느님께서 어떻게 예수님을 "독수리 날개에 태워"(탈출 19,4) 죽음에서 부활로 건너가게 하셨는지 똑똑히 보았습니다. 그리하여 땅끝까지 이 복음을 알리고 매일같이 기억하고 기념하기를 장장 천 년, 2천 년이 흘러 오늘에 이르렀습니다. 역사가 증명해 줍니다.

"한 알의 밀알이 땅에 떨어져 썩지 않으면 아무런 열매도 맺을 수 없듯이" 예수님께서는 한 알의 밀알로서 땅에 떨어져 죽음으로써 자신을 버림으로써 부활의 영광을 차지하셨습니다.

이렇게 예수님의 부활이 확실하다는 것은 2천 년 역사가 증명해 줍니다. 비밀은 언젠가 드러나기 마련입니다. 전두환 씨가 정권을 잡기 위해서 일으켰던 5.18 광주사태도 국민은 처음엔 믿지 않았지만, 광주항쟁은 폭도가 아니라, 민주화의 투쟁이었다는 것이 세상에 밝혀졌 듯이 말입니다.

형제자매 여러분, 주님께서 참으로 부활하셨습니다. 바오로 사도가 말씀하셨듯이 "주님께서 부활하시지 않으셨다면 우리의 신앙도 헛될 것입니다." 그렇습니다. 예수 그리스도의 부활은 곧 우리의 신앙의 근본을 되찾은 날입니다. 예수님께서 십자가에 못 박히셨을 때 제자들은 모두 다 도망을 쳤습니다. 어떤 제자는 옷자락을 잡혀 발가벗고 줄행랑을 쳤다고 기록하고 있습니다. 이것은 참으로 창피한 일입니다. 제자들은 겁쟁이였습니다. 그동안 동고동락을 했지만, 스승을 모른다고 배반했고, 심지어는 동전 몇 닢에 스승을 팔아먹었습니다. 이렇게 제자들에 대한 예수님의 교육은 전적으로 실패했습니다. 그러나 부활하신 예수님을 만나 뵙고 제자들은 아주 딴사람이 되었습니다. "곧 그리스도께서는 성경 말씀대로 우리의 죄 때문에 돌아가시고 묻히셨으며, 성경 말씀대로 사흘 만에 되살아나시어, 케파에게, 또 이어서 열두 사도에게 나타나셨습니다. 그다음에는 한 번에 오백 명이 넘는 형제들에게 나타나셨는데, 그 가운데 더러는 이미 세상을 떠났지만, 대부분은 아직도 살아 있습니다. 그다음에는 야고보에게, 또 이어서 다른 모든 사도에게 나타나셨습니다. 맨 마지막으로는 칠삭둥이 같은 나에게도 나타나셨습니다."(1코린 15,3-8)

형제자매 여러분, 부활하신 주님을 뵙고 제자들은 180도 바뀌었습니다. "예수님은 우리의 주님이시다. 이분이 바로 그리스도이시다. 참으로 하느님의 아들이다."라고 증언했습니다. 제자들은 주님을 증언하면서 잡혀서 매를 맞기도 옥에 갇히기도 하였습니다. 예수님을 배반한 베드로도 나중에 주님을 증거하다 십자가에 거꾸로 매달려 순교하셨습니다. 바오로는 스스로 고백했습니다. "사십에 하나 모자라는 매를 맞은 것이 다섯 번, 돌멩이로 맞은 것이 한 번, 파선이 3번, 몇 번이나 죽을 고비를 만났다. 이 밖에도 말 못 할 여러 번의 고난을 당하면서도 그리스도를 전하지 않을 수 없었다."(2코린 11,24-25 참조)라고 고백했습니다.

이러한 모든 사실을 미루어 볼 때 주님은 참으로 부활하셨습니다. 2천 년 역사가 증언합니다. 그것이 거짓이라면 2천 년 역사가 판단해 줄 것입니다. 아까도 말씀드렸습니다만 주님의 부활은 무엇보다도 신앙의 근본을 찾은 날입니다. 예수님이 참하느님의 아들이심이 증명되신 날입니다. 이보다 더 기쁜 날이 어디 있겠습니까? 바오로 사도는 "예수 그리스도를 기억하시오. 그분은 다윗의 후손이시며 죽음으로부터 다시 살아나신 분이십니다. 내가 전한 기쁜 소식도 바로 이것입니다."(2디모 2,8)라고 기록하고 있습니다.

형제자매 여러분! 주님의 부활은 확실합니다. 제자들은 목숨을 걸고 주님의 죽음과 부활을 증언하였습니다. 대다수의 제자들이 순교로 주님의 부활을 증언했습니다. 어느 누가 거짓된 일에 목숨을 바칠 사람이 있겠습니까? 베드로 사도는 주님을 모른다고 세 번이나 배반했지만, 주님처럼 십자가에 매달려 죽을 수는 없다고 하면서 그는 거꾸로 매달려 순교의 영광을 차지하셨습니다. 바오로 사도는 칠삭둥이 같은 나에게까지 부활하신 주님께서 나타나셨다고 증언하면서 "주님께서 부활하시지 않으셨다면 우리의 신앙도 헛되다."라고 말씀하셨습니다.

그렇습니다. 이렇게 주님의 부활은 우리 신앙의 근본이 됩니다. 오늘 주님의 부활 대축일을 통하여 주님은 죽음의 어둠에서 부활의 새 빛이 되셨습니다. 곧 그리스도는 우리의 빛이 되셨습니다. 그러므로 우리 모두도 부활하신 그리스도를 본받아서 이 세상의 어둠을 밝히는 빛이 되어야 하겠습니다. 오늘 부활 대축일을 지내면서 부활 성야에서 외쳤던 "그리스도 우리의 빛!" "하느님 감사합니다!"를 외치는 신앙인이 되어야 하겠습니다. 더 나아가 부활에 대한 참된 증인이 되어야 하겠습니다. 다 함께 따라 해 봅시다.

"주 참으로 부활하셨도다. 알렐루야! 알렐루야!"

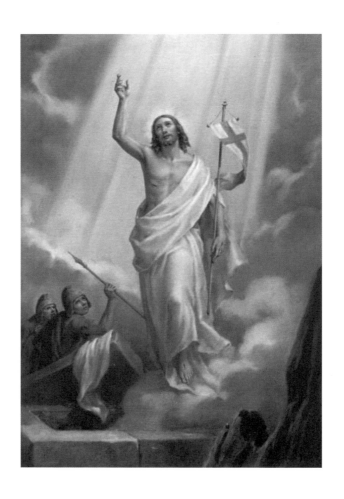

개구리와 애벌레 영감

동화 한 편을 소개해 드리겠습니다. 제목은 〈개구리와 애벌레 영감〉 입니다.

호수에 개구리와 애벌레 영감이 살고 있었습니다. 우리가 알다시피 개구리는 수륙양용이지요. 그런데 애벌레 영감은 언제나 물속 캄캄한 바닥에서 엉금엉금 기어다니면서 살고 있었습니다. 그 둘은 다정한 친구가 되었습니다. 어느 날 애벌레 영감이 점심을 먹고 개구리 집에 놀러 갔습니다. 그런데 개구리는 어디 갔는지 없었습니다. 그래서 마루에 걸터앉아 오후 내내 돌아오기를 기다렸습니다. 그런데 저녁때가 다 되어서 개구리가 헐레벌떡 헤엄을 치면서 달려왔습니다. "애벌레 영감 왔구먼?" "개구리 영감, 도대체 온종일 어디 갔다 왔나? 뭐가 그리 좋아서 싱글벙글 야단이야?" "오늘은 저 물 밖 구경 좀 다녀왔지. 진해라고 하면 알라나? 진해 군항제에 갔다 왔는데 벚꽃이 정말 흐드러지게 피었더구나. 벚꽃 구경 나온 사람들이 인산인해야! 벚꽃이 바람 불 때마다 눈처럼 날리니 정말 장관이야, 장관!" 물속에 사는 애벌레 영감은 도대체 무슨 말을 하는지 알아들을 수가 없었습니다. "야, 개구리 영감, 거짓말 마라. 물 밖에 무슨 다른 세상이 있어. 거짓말 마라." "정말 밖에 다른 세상이 있어. 정말이야 정말!" 하면서 그날은 옥신각신 싸우다가 헤어졌습니다. 그 이후 며칠이 지나 애벌레 영감이 또 개구리를 찾아갔습니다. 또 어디 갔는지 개구리 영감이 보이지 않았습니다. 한참 기다리다 보니 개구리가 맛있는 빵이랑 과자를 한 보따리 사서 가지고 왔습니다. "이거 먹어 봐. 참말로 맛있어." 하면서 초코파이 한 개를 주었습니다. "참 맛있다. 어디서 샀어?" "오늘은 물 밖 세상 서울을 갔다 왔는데, 차가 씽씽 하도 달려서 치여 죽을 뻔했어. 사람도 참 많긴 많더라. 건물도 고층 건물이 으리으리하게 서 있고 집에 찾아오느라 헷갈려서 겨우 찾아왔어." 애벌레 영감은 "야, 개구리, 너 또 거짓말하니? 이 물 밖에 무슨 다른 세상이 있어." 하면서 도저히 믿으려고 하지 않았습니다. "정말이야 정말! 이 병신아, 내가 직접 두 눈으로 보고 확인하고 왔거든! 이 초코파이와 아이스크림 봐라. 물속에 이런 게 어디 있어. 좀 믿어 봐, 이 멍텅구리야." "나는 내 눈으로 꼭 보아야 믿을 수 있지! 어떻게 안 보고 믿을 수 있단 말이야? 그럼 좋다. 개구리야, 내일 나 물 밖 바깥세상 구경 좀 시켜 줘. 그럼 믿을게." "그래, 네 눈으로 확인해 봐." "내가 헤엄을 못 치는데 어떻게 하지?" "내가 업고 헤엄치면 되잖아. 대신 네가 점심 도시락 맛있게 싸." "그래, 알았다." "내일 아침 9시에 내가 네 집으로 갈게." 이렇게 개구리와 애벌레 영감은 약속을 하고 헤어졌습니다.

그다음 날, 개구리는 애벌레 영감 집에 가서 애벌레 영감님의 등에 도시락을 단단히 묶어 매달고 등에 업었습니다. 개구리와 애벌레 영감은 "랄-랄-라-" 노래를 부르며 바깥세상 구경을 떠났습니다. "애벌레 영감, 꼭 잡아라. 떨어지면 큰일 난다. 영감태기 무겁기는 무겁네." 개구리는 땀을 뻘뻘 흘리면서 헤엄을 쳐 바깥세상 구경을 나갔습니다. 그런데 물속에서 바깥으로 고개를 내밀려고 하는 순간 애벌레 영감은 깜짝 놀랐습니다. 캄캄한 물속에서 살던 때와는 달리 바깥에 고개를 내미는 순간 아주 강렬한 햇빛이 눈을 멀게 했습니다. 애벌레 영감은 깜짝 놀라 그만 개구리 등에서 손을 놓고 말았습니다. 그래서 나둥그러져 물속에 처박혀 다리가 부러지고 얼굴엔 팥을 갈아 붙이듯 상처를 입었습니다. 그래서 물속에 있는 강남 성모 병원에 입원했습니다. 깁스를 하고 병원 신세를 지게 되었는데, 애벌레 친구들이 문병을 왔습니다. "너 도 대체 어떻게, 이렇게 크게 다쳤어?" "개구리 영감 따라 바깥세상 구경 갔다가 그렇게 됐다. 정말로 바깥세상에 나가 보니 뭔가 아주 강렬한 밝은 햇빛 때문에 깜짝 놀라 이렇게 됐네. 정말 다른 세상이 있어. 다 나 으면 다시 한번 가 볼 테야." "무슨 바깥세상이 있어? 이 친구야, 거짓 말 마라. 이제 나이 먹다 보니 노망까지 났구나." 하며 도저히 친구들은 믿으려고 하지 않았습니다. 애벌레 영감은 이렇게 여러 달 동안 병원 신세를 지다 완쾌되어 퇴원해 집으로 돌아왔습니다. 그러나 애벌레 영 감은 집으로 돌아와 아내와 아들딸들과 행복하게 살았지만, 바깥세상 을 결코 잊을 수가 없었습니다.

그 후 애벌레 영감은 세월이 흘러 때가 되어 허물을 벗고 한 마리 잠자 리가 되었습니다. 캄캄한 물속에서 엉금엉금 기어다니다가 날개를 달고 푸른 하늘을 날아다니니 얼마나 좋았겠습니까? 찬란한 햇빛, 따스한 공 기, 아름다운 꽃, 향기로운 꽃 냄새와 푸르른 수풀, 잔잔한 호수, 그는 죽 도록 행복했습니다. 그런데 물속에 있는 아내와 아들, 딸, 그리고 친구 들, 이 좋은 천국 같은 세상을 두고도 모르고 살아가고 있는 그들을 생각 할 때 가슴이 몹시 아파 왔습니다. "이 바보들아, 이 좋은 세상을 두고 그 렇게 사니? 하루빨리 나오너라." 하면서 물속에 있는 아내, 아들, 딸, 친 구들을 그리워하며 오늘도 잠자리는 호숫가를 유유히 맴돌고 있습니다.

형제자매 여러분, 〈개구리와 애벌레 영감〉 동화 잘 들으셨지요? 호 숫가에 가면 유난히 잠자리가 많습니다. 잠자리가 호숫가를 날아다니 며 왜 빙빙 돌고 있는지 이제 그 이유를 아시겠지요?

이 동화는 어떻게 생각해 보면, "보고야 믿겠다."라고 하는 인간의 단면을 보여 줍니다. 오늘 복음에서 토마스는 우리는 "부활하신 주님 을 만났다."라고 자랑을 하는 다른 제자들에게 "내 눈으로 직접 보고 내 손으로 직접 만져 보고 믿겠다."라고 했습니다. 부활하신 주님께서 여드레 뒤에 다시 나타나셔서 "토마스야, 내 손과 발을 만져 보아라. 내 옆구리에 네 손을 넣어 보아라. 그리고 의심을 버리고 믿어라."라고 하셨습니다. 토마스는 무릎을 꿇고 "나의 주님, 나의 하느님." 하고 고백을 했습니다. 이런 토마스에게 "너는 나를 보고서야 믿느냐? 보지 않고서도 믿는 사람은 참으로 행복하다."라는 말씀을 하셨습니다.

현대 사람들은 "보고야 믿겠다." 모두 다 그렇습니다. 애벌레 영감이 물속에서 살았기 때문에 물 밖의 세상을 아무리 얘기해도 모르듯이 말입니다. "하느님을 보고서야 믿겠다. 천국을 가 봐야 믿겠다."라고 하는 사람들에게 〈개구리와 애벌레 영감〉 동화는 많은 것을 시사해 주고 있습니다. 그래서 오늘 예수님의 말씀을 우리 모두 명심해야 하겠습니다. "토마스야, 너는 나를 보고서야 믿느냐? 보지 않고도 믿는 사람은 참으로 행복하다."라는 말씀입니다. 믿음은, 신앙은, 보고서 믿는 것이 아닙니다. 눈으로 볼 수 없는 것을 확증하는 것이기 때문입니다. 믿음은 머리로만 믿는 것이 아니라 가슴으로 믿는 것입니다. 여러분은 조상님의 존재를 믿습니까? 증조, 고조할아버지, 할머니를 보셨습니까? 보지 못했어도 내가 있음을 통해서 믿는 것과 같이 이 세상 만물을 통해서 이것을 만드신 분, 하느님이 존재하심을 믿는 것과 똑같습니다. 이 세상 모든 사람이 결과를 통해서 원인인 하느님을 알아보는 신앙의 눈이 열리면 얼마나 좋겠습니까?

다시 한번 우리 모두 "너는 나를 보고서야 믿느냐? 보지 않고도 믿는 사람은 행복하다."(요한 20,29)라는 말씀을 명심합시다!

> "너는 나를 보고서야 믿느냐? 보지 않고도 믿는 사람은 행복하다."(요한 20,29) 아멘!

예수님께서 갑자기 웃음을 터트리셨다

예수님께서 참지 못하시고 갑자기 웃음을 터트리셨습니다. 과연 언제일까요? 모르신다면 힌트를 드리겠습니다. 예수님의 열두 제자와 관계가 있습니다. 그래도 모르신다면 베드로, 야고보, 요한 사도가 아니라 토마스 사도와 관계가 있습니다. 그래도 아직 감이 안 잡힙니까?

지난 주일 복음에서 부활하신 예수님께서 제자들에게 나타나셨습니다. 그때 토마스는 마침 없었습니다. "우리는 주님을 뵈었다."라는 다른 제자들의 말을 듣고 "나는 주님의 손과 발, 옆구리에 손을 넣어 보지 않고서는 결코 믿지 않겠다."라고 말했습니다. 그런데 여드레 뒤에 예수님께서 다시 나타나셔서 토마스에게 직접 손과 발을 만져 보고 창으로 찔린 옆구리에 손을 넣어 보라고 하셨습니다. 그때 토마스는 직접 보고, 만져 보고 난 뒤에 "저의 주님, 저의 하느님!" 하며 무릎을 꿇었다고 했습니다. 바로 토마스가 그 손을 옆구리에 넣는 순간 예수님께서 그만 웃음을 터트렸습니다. 하도 간지러워서. 그건 농담이고 그때 예수님께서는 토마스에게 "너는 나를 보고서야 믿느냐? 보지 않고도 믿는 사람은 행복하다."라고 말씀하셨습니다.

형제자매 여러분, 오늘도 역시 부활하신 예수님께서 다시 나타나셔서 "평화가 너희와 함께." 하고 말씀하시고 나서 두려워하는 그들에게 "왜 놀라느냐? 어찌하여 너희 마음에 여러 가지 의혹이 이느냐? 내 손과 내 발을 보아라. 바로 나다. 만져 보아라. 유령은 살과 뼈가 없지만,

나는 너희도 보다시피 살과 뼈가 있다."라고 하시면서 손과 발을 보여 주셨습니다. 이것은 부활하신 예수님의 몸의 실재성뿐만 아니라, 그 몸은 바로 십자가에 처참하게 못 박히신, 못에 뚫린 몸임을 입증해 줍니다. 이 말씀은 분명히 지난 주일의 요한복음에서 토마스가 "나는 그분의 손에 있는 못 자국을 직접 보고 그 못 자국에 내 손가락을 넣어 보고 또 그분의 옆구리에 내 손을 넣어 보지 않고는 결코 믿지 못하겠소."(요한 20,25)라고 요구했던 그대로 못 자국이 난 손과 발, 창에 찔린 옆구리의 상처를 보여 주셨음을 암시합니다. 이것은 부활하신 예수님의 영광은 십자가상의 희생을 통해 이루어졌음을 말해 줍니다.

그리고 또, 다시 믿지 못하고 놀라는 그들에게 "여기에 먹을 것이 좀 있느냐?" 하고 물으셨습니다. 그래서 그들이 구운 물고기 한 토막을 드리자, 그들 앞에서 잡수셨습니다. 바로 이것은 주님께서 고난을 받으시고 십자가의 죽음으로부터 부활하신 몸임을 확인시켜 주는 것입니다. 보고도 믿지 못하는, 의아심을 갖는 제자들에게 부활하신 예수님의 몸은 우리와 같이 음식을 먹을 수 있는 진짜 몸임을 재확인시켜 주셨습니다.

그리고 성경에 기록된 "나에 관하여 모세의 율법과 예언서와 시편에 기록된 모든 것이 다 이루어져야 한다."(루카 24,44)라는 말씀대로 예수님의 부활이 하느님의 모든 구원 계획의 절정임을 말해 줍니다. "이제 다 이루었다."라는 주님 말씀대로 이제 부활하신 주님께서는 여유 있게 부활 축하를 받고 기쁘게 웃을 수 있는 위치임을 말해 주고 있습니다.

마지막으로 오늘 복음은 "성경에 기록된 대로, 그리스도는 고난을 겪고 사흘 만에 죽은 이들 가운데에서 다시 살아나야 한다. 그리고 예루살렘으로부터 시작하여, 죄의 용서를 위한 회개가 그의 이름으로 모든 민족에게 선포되어야 한다. 너희는 이 일의 증인이다."(요한

24,46-48)라는 말씀을 통하여 주님의 부활은 널리 전파해야 한다는 것을 말해 줍니다. 곧 "그러므로 너희는 가서 이 세상 모든 사람을 내 제자로 삼아 아버지와 이들과 성령의 이름으로 그들에게 세례를 베풀어라."(마태 28,19)라는 제자들에게 맡기신 전교의 사명을 내포하고 있음을 말해 줍니다.

　형제자매 여러분, 오늘 복음에서 부활하신 예수님은 십자가에 처형된 바로 그분이 죽음으로부터 부활하셨음을 확실히 제자들에게 확인시켜 드리고 있습니다. 그리고 음식을 잡수실 수 있는 몸으로, 옆구리에 손을 넣으면 간지럼을 타서 웃음을 참지 못하고 터트려야만 하는 몸으로 진짜 부활하셨음을 말해 줍니다. 또한, 주님의 부활은 구세사의 절정으로서 "주님께서 부활하시지 않으셨다면 우리의 신앙은 헛되다."라는 바오로 사도의 말씀처럼, 십자가 나무의, 영광의 꽃임을 말해 줍니다. 그러므로 우리는 주님의 죽음과 부활의 열렬한 증인이 되어야 하겠습니다.

"너희는 이 일의 증인이다."(루카 24,48) 아멘.

양들의 특성에 따른 결론

오늘은 성소 주일입니다. '성소(聖召)'라고 하면 '거룩한 부르심'을 말합니다. 하느님께서는 우리 모두를 부르고 계십니다. 대부분 사람은 '결혼 성소'로 부르심을 받고 있습니다. 그런데 결혼하는 당사자들에게 혼인 면담을 하다 "왜 결혼하는가? 혼인의 목적이 무엇인가?"를 물어보면, 혼인의 목적도 모르고 결혼하는 젊은 부부들을 종종 볼 수 있습니다. 혼인의 1차적인 목적은 가정을 통해서 하느님의 사랑을 구현하기 위해서이고 부차적인 목적은 하느님의 창조 사업에 이바지하기 위해서 자녀를 출산하는 것인데 말입니다.

그런데 요즘 문제가 되는 것은 이 혼인의 부차적인 목적인 자녀 출산을 안 하려는 데 문제가 있습니다. 적어도 두셋은 낳아야 하는데, 낳아야 겨우 한 명, 문제가 많습니다. 앞으로 대한민국의 장래가 암담합니다. 저출산 세계 1위입니다. 미국이나 유럽을 능가합니다. 앞으로 대한민국이 어떻게 되겠습니까? 망합니다.[4] 딱 하나 낳아 금이야 옥이야 길러 대학교 다 보내고, 졸업해선 먹고 놀면서도 어려운 일 안 하려고 하고, 누가 농사짓고, 공장 일을 하겠습니까?

그렇다면 앞으로 외국 노동자가 들어와야 합니다. 대한민국에 이민

---

4) https://view.asiae.co.kr/article/2023082410104942255

와야 합니다. 그렇다면 아들이 하나뿐인데 그 아들을 신학교에 보내 겠습니까? 딸이 하나뿐인데 수녀원에 선뜻 보내겠습니까? 이런 식으로 나간다면, 앞으로 신학교, 수녀원 문 닫아야 합니다. 한국 천주교의 장래가 암담합니다. 가정은 '성소의 못자리'라고 얘기합니다. 올해 농사를 잘 지으려면 모판에 못자리를 잘해야 합니다. 여러분들의 성소의 못자리인 가정에 모가 없다면 어떻게 해야 하겠습니까? 모를 심을 논은 많은데 모가 없으니 어떻게 해야 하겠습니까? 그래서 예수님께서 "추수할 것은 많은데 일꾼이 적다. 그 일꾼들을 보내 달라고 청하여라."라고 말씀하셨습니다.

오늘은 성소 주일입니다. 하느님의 부르심 중 이 추수할 일꾼, 사제 성소자, 수도 성소자를 위해서 기도하는 날입니다. 많은 젊은이가 사제나 수도의 길로 부르심을 받을 수 있도록 마음을 모아 기도하는 날입니다.

예수님께서 "나는 착한 목자다."(요한 10,11) "내 양들은 내 목소리를 알아듣는다. 나는 그들을 알고, 그들은 나를 따른다."(요한 10,27)라고 말씀하셨습니다. 그러기에 오늘 우리는 착한 목자 주일을 맞이하여 목자이신 예수님의 부르심을 잘 알아들어야 하겠습니다. 그러기 위해선 먼저 양들의 특성을 잘 알아야 하겠습니다.

양들의 특성을 몇 가지 든다면, 첫째로, "양은 스스로 길을 찾지 못한다."라는 것입니다. 개나 고양이는 스스로 길을 찾지만, 그렇지 못하다는 것입니다. 그 이유가 있겠지만, 눈이 나쁘고 방향감각이 없다는 것입니다. 시력이 나빠서 때로는 웅덩이에 빠지거나, 낭떠러지에서 떨어지거나, 길을 잃는다는 것입니다. 물가나 풀밭을 스스로 찾아야 하는데 그러지 못한다는 것입니다. 이런 양에겐 목자가 꼭 풀밭으로 물가로 데려다줘야, 보살핌이 있어야 한다는 것입니다. 형제자매 여러분, 양이 넘어지면 스스로 일어날 수 있겠습니까? 없습니다. 그러기에 둘째로, 양은 잘 넘어지고 만약에 넘어지면 스스로 못 일어나는 특성이 있습니다. 잘 넘어지고 뛰는 속도도 느리기에 맹수의 밥이 되기 쉽습니다. 그러기 때문에 목자가 꼭 필요합니다. 그리고 셋째로, 양은 방어 능력이 하나도 없습니다. 염소는 뿔로 들이박든지 뒷다리로 차거나 하지만, 고슴도치는 몸의 가시로 방어를 하지만, 개는 물기라도 하지만, 양은 전혀 방어능력이 없어서 고스란히 맹수의 밥이 된다는 것입니다. 그나마 다행인 것은 넷째로, 양의 특성은 청각이 발달하여 주인의 목소리를 알아듣는다는 것입니다. 예수님의 말씀처럼 "그들은 나를 알고 따른다."라는 것입니다. 양들이 정말 주인의 목소리를 알아듣는지, 실험을 해 봤는데, 다른 사람이 아무리 양들을 불러도 꼼짝 안 하더니, 주인의 녹음된 목소리를 녹음기로 들려주니까 녹음기 가까이 모이더라는 것입니다.

형제자매 여러분, 양들의 특성에 따른 결론을 말하면, 첫째로, 양들은 목자의 보살핌이 꼭 있어야 한다는 사실입니다. 그래서 이런 양들을 위한 착한 목자가 많이 날 수 있도록 오늘 기도하면서 성소자들을 위해서 기도하고 성소 후원회에 가입해서 성소자들을 적극적으로 돕도록 해야 하겠습니다. 성소 후원금은 신학생들의 학비나 기숙사비를 충당하게 됩니다.

둘째로, 양들은 목자의 목소리를 알아들어야 한다는 것입니다. 목자의 목소리를 알아듣고 잘 따를 수 있어야 하겠습니다. 라디오 주파수를 맞추듯, 주님의 목소리에 주파수를 잘 맞춰야 하겠습니다. 세속의 주파수에 맞추어 놓고 들으려고 할 때 잘 들을 수 없고 잡음만 들릴 것입니다.

셋째로, 가정은 성소의 못자리입니다. 성소자는 여러분 가정에서 나와야 합니다. 적어도 둘이나 셋 낳아 신학교에 한 명, 수녀원에 한 명 보내 주시기를 간절히 청합니다. 다 늙어서 안 된다고요. 손자, 손녀라도 보내 주십시오.

"나는 착한 목자다. 나는 내 양들을 알고 내 양들은 나를 안다."(요한 10,14) 아멘.

나는 포도나무요, 너희는 가지다!

옛날 어린 시절에 겨울이 되면 연을 만들어 친구들과 함께 날리곤 했었습니다. 연은 연줄에 매여 있을 때만 바람을 타고 높이 올라갈 수 있습니다. 만약에 바람이 너무 세게 불어 연줄이 끊어지면 곧 하늘 높이 올라갔던 연은 힘을 잃고 날아가다 곧 곤두박질치며 떨어지고 맙니다. 곧 연에 있어서 연줄은 생명과 같습니다. 연은 연줄에 붙어 있을 때만 하늘 높이 치솟아 바람을 타고 높이 치솟을 수 있습니다.

예수님께서는 오늘 복음에서 "나는 포도나무요, 너희는 가지다. 포도나무에 붙어 있지 않은 가지가 스스로 열매를 맺을 수 없는 것처럼 너희도 나에게 붙어 있지 않으면 열매를 맺지 못할 것이다."(요한 15,1-17 참조)라고 말씀하십니다. 곧 예수님이 포도나무라면 우리는 그 가지입니다. 포도나무와 가지와의 관계는 떼려야 뗄 수 없는 밀접한 생명의 관계라는 것입니다. 서로 다른 것 아니라, 같은 수분과 양분을 통하여 한 몸을 이루고 있는 공동체라는 것입니다. 바로 예수님과 우리와의 관계가 그만큼 친밀한 유대를 이루고 있는 한 생명의 공동체라는 것입니다. 조금 전에 말씀드린 연이 연으로서의 제구실을 하자면 하늘 높이 치솟았을 때 연줄에 매여 있을 때만 제대로 날 수 있다는 법칙과 일맥상통하는 것입니다. 곧 연줄이 포도나무이신 예수님이고 연은 포도나무 가지인 우리입니다. 예수님과 우리의 관계가 그러하다면, 우리는 같은 수분과 영양분을 공유하고 있는 한 몸입니다. 그러므로 포도나무 가지인 우리는 포도나무이신 예수님과 같은 생각, 같은 마음을 가지고 행동하며 친교를 나누어야 할 것입니다. 성가 199장 〈예수 마음〉 노래처럼 예수님 마음과 내 마음을 같게 해야 하고, 결합해야 합니다.

이렇게 가지는 붙어 있을 때만 그 열매를 맺을 수 있습니다. 만약에 붙어 있지 않고 떨어져 나가거나 잘려져 나간다면 아무런 열매도 맺을 수 없고 불 속에 던져 태워 버릴 것입니다. 연은 연줄에서 떨어져 나가면 날아가다 곤두박질쳐 땅에 떨어질 것입니다.

"나에게 '주님, 주님!' 한다고 모두 하늘나라에 들어가는 것이 아니다. 하늘에 계신 아버지의 뜻을 실행하는 이라야 들어간다."(마태 7,21)라는 예수님의 말씀처럼 포도나무에 붙어 있으면서 많은 사랑의 열매를 맺어야 하겠습니다. 포도나무에 붙어 있으면서 열매를 맺지 못하는 가지, 그런 가지는 잎만 무성하고 영양분만 낭비하기 때문에 잘려져서 언젠가는 불에 태워질 것입니다. 즉, 행함과 실천이 없는 말뿐인 사람은 언젠가 비참하게 된다는 것을 경고하는 말씀입니다. 그래서 야고보 사도는 "행동 없는 믿음은 죽은 믿음."(야고 2,17 참조)이라고 말씀하셨습니다.

형제자매 여러분, 여러분은 지금 어떤 가지입니까? 많은 결실을 탐스럽게 달고 있는 충실한 가지입니까? 아주 달콤하고 맛 좋은 포도송이를 주렁주렁 맺고 계십니까? 아니면 주인의 기대에 못 미치는 시어빠져 먹지도 못하는 개포도를 맺었습니까? 진정 우리가 주님과 일치를 이루며 예수님 마음과 같은 마음을 가질 때 주저리주저리 탐스럽고 맛 좋은 사랑의 포도송이를 맺을 수 있을 것입니다.

"나는 포도나무요, 너희는 가지다. 포도나무에 붙어 있지 않은 가지가 스스로 열매를 맺을 수 없는 것처럼 너희도 나에게 붙어 있지 않으면 열매를 맺지 못할 것이다." (요한 15,1-17 참조) 아멘.

닭 쫓던 개 지붕 쳐다본다

　형제자매 여러분, 여러분들은 "닭 쫓던 개 지붕만 쳐다본다."라는 속담을 들어 보셨지요? 이 속담이 무슨 뜻이겠습니까? 이 속담의 내력을 보면 다음과 같습니다.

　옛날의 일이다. 하루는 마당에서 쌀알을 쪼아 먹고 있는 닭에게 황소가 말을 건넸다. "나는 허구한 날 농사를 짓기도 하고 무거운 짐을 나르기도 하고 온갖 힘든 일을 도맡아 하면서도 먹는 것은 겨우 콩 껍질 아니면 지푸라기인데, 너는 하루 종일 하는 일도 없이 맛있는 쌀만 쪼아 먹으니 대체 어찌 된 일이냐?" 그러자 모이를 쪼아 먹던 닭이 황소를 쳐다보며, "황소님, 그게 무슨 말씀입니까? 답답하군요. 황소님은 아무것도 배운 것이 없잖아요. 그래서 힘든 일을 해도 먹는 건 변변치 않은 것입니다. 나는 학문이 많아서 그렇게 힘든 일을 안 하고서도 좋은 쌀만 먹지 않습니까?"라고 말을 했다.

　그러자 곁에 있던 개가, "흥, 그 녀석 아는 체하는군. 제가 뭐이 잘났다고 그런 소릴 함부로 지껄여." 하면서 말참견을 했다.

　"요놈 닭 녀석아, 주제넘게 그따위 말을 어디다 함부로 하느냐? 황소님은 말할 것도 없지만 나만 해도 밤잠을 자지 않고 도둑을 지키면서 겨우 누룽지 밥이나 얻어먹는데 너는 학문이 많아서 좋은 쌀을 얻어먹는다고?" 하면서 개는 아니꼽다는 투로 말을 했다.

그러자 닭은 다시, "나는 이 세상에서 시간을 알리는 벼슬을 하고 있지 않은가? 잠도 제대로 못 자고 새벽에 일찍 일어나서 시간을 알려 주는 중요한 일을 누가 한단 말인가?" 하고, 거만하게 말을 했다. 닭의 말에 개는, "흥, 그까짓 벼슬 가지고 그러느냐? 난 무슨 큰 벼슬이나 하는 줄 알았더니 겨우 그 정도야?"라고 말했다.

"그 정도라니? 나는 보다시피 비단옷을 입고 머리에는 붉은 관을 쓰고 눈알에 주먹 같은 옥관자를 붙였으니 틀림없는 벼슬양반이 아니고 뭐란 말인가?"라고 닭이 말했다. 그러니까 개가 "흥, 잘 끌어대네."라고 했다. 그러니까 닭이 말을 이어 이렇게 말했다.

"황소님이나 개님은 모르겠지만 내가 먼동이 터 올 때마다 '꼬끼오!' 하고 우는 것도 글자로 쓰면 '고할 고(告)' 자와 '그 기(其)' 자, '중요 요(要)' 자, 즉 '고기요'라고 우는 뜻은 '중요한 것을 알린다.'라는 뜻일세. 이 바보들아! 그것도 모르면서." 하며 닭은 뽐내었다.

"그런데, 개님은 '멍멍!' 하고 짖는데 그 짖는 소리엔 아무 뜻도 없잖아요?" 하고 닭은 개에게 물었다. 그러자 개는 고개를 설레설레 흔들면서 "천만의 말씀, 내가 '멍멍!' 하고 짖는 것은 멍텅구리란 뜻이야. 그러니 나야말로 양반이다. 너는 한 냥 값도 못 되지만, 나를 팔면 두 냥 반이나 받으니 내가 더 귀한 양반이다."라고 말했다. 그러니까 닭이 "말도 안 된다. 도대체 그 뜻이 무엇이냐?" 하고 개에게 다그쳐 물었다. 그러니까 개가 "개 값이 두 냥 반이라고 했으니, 두 냥 반을 빨리 읽어 봐라. '두 양반' 아니냐? 곧 '양반 둘이 된다.'라는 뜻이 아니고 뭐냐?"라고 말했다. "네가 무슨 양반이야? 듣기 싫다!" 하면서 닭은 발끈 성을 내었다. "별소리를 다 듣겠네. 개 팔아서 두 냥 반이라니, 그럼 개장수에게 팔려 갈 때 마지막으로 양반이 된단 말인가? 참 한심하다 한심해!" 닭이 이렇게 놀려 대자 화가 머리끝까지 난 개는 분을 참지 못해 멍멍 짖으며 닭에게 달려들어 그만 닭 볏을 확 물어뜯었다. 그러자 닭은 홱 뿌리치고 지붕으로 날아 올라가 개를 내려다보며 놀려 댔다. "야, 이 무식한 자식아, 말이 막히니 폭력을 쓰냐? 여기 올라와 봐라. 용용 죽겠지!" 하며 놀려 댔다. 개는 닭을 놓치고 약이 올라 씩씩거리면서 미칠 듯이 지붕만 쳐다보고 있었다.

지금의 닭 벗이 왜 톱니 모양으로 생겼는지 아십니까? 그때 개에게 물린 이빨 자국이라고 합니다. 그리고 "닭 쫓던 개 지붕 쳐다본다."라는 속담은 이렇게 해서 생겼다고 합니다.

형제자매 여러분, "닭 쫓던 개 지붕 쳐다본다."라는 속담의 뜻, 이제 확실히 알겠지요? 애써 하던 일이 실패로 돌아갔기 때문에 멍하니 맥 빠진 모양을 이야기합니다. 열심히 쫓던 닭이 지붕 위로 올라가 버리면 개는 잡으러 올라가지 못하고 멍하니 바라볼 수밖에 없습니다. 이와 마찬가지로 어떤 일을 이루기 위해 한참 동안 애를 쓰다가 일이 실패로 돌아가거나 남보다 뒤떨어지게 되었을 때 어찌할 수 없어 맥이 빠진 모양을 이르는 말입니다.

형제자매 여러분, 오늘 독서와 복음 말씀을 생각해 보면, 예수님께서 승천하시는 모습을 바라보면서 제자들은 물끄러미 하늘만 쳐다봤다는 것입니다. 그때 천사들이 "갈릴레아 사람들아, 너희는 왜 하늘만 쳐다보고 서 있느냐?"라고 말했다는 것입니다. 역시 제자들도 닭 쫓던 개의 신세가 된 것이 아닌가? 이렇게 생각해 볼 수 있습니다. 예수님의 제자들은 모든 것을 버리고 예수님을 따랐는데 주님께서 승천하시니 참으로 허망하게 닭 쫓던 개의 신세가 되었겠습니까? 절대로 그렇지 않습니다.

형제자매 여러분, 부활하신 예수님께서 제자들에게 여러 번 나타나셨는데 마지막으로 나타나신 때가 언제였습니까? 주님의 승천은 부활하신 예수님의 마지막 발현입니다. 어떻게 생각하면 주님의 승천은 예수님의 부활에 대한 완성입니다.

그러므로, 주님 승천의 의미는 첫째, 하느님의 뜻을 이루고자 이 세상에 오신 예수님께서 십자가의 수고 수난과 죽음, 부활을 통해서 인류의 구속사업을 완수하셨음을 하느님 아버지께서 인정하시고 예수님께 내린 하느님 아버지의 포상인 것입니다. 그래서 승천하셔서 성부 오른편에 좌정하시는 영광을 누리게 해 주셨습니다. 그러므로 우리는 주님께 무한한 축하를 드려야 하겠습니다.

둘째로 예수 승천의 의미는 그동안 예수님께서는 우리가 직접 보고, 듣고 감지할 수 있는 하느님이셨지만, 이제는 볼 수 없는 영적인 하느님이 되셨음을 말해 줍니다. 주님께서 승천하셔서 비록 우리 곁을 떠나셔서 눈으로 볼 수 없지만, 영적으로 성령을 통해서 우리와 함께하는 하느님이 되셨습니다. 곧 예수님께서는 승천하심으로써 우리와 영원히 함께하는 현존 방식으로 성령을 간택하셨다는 것입니다. 곧 성령이 오심으로써 교회와 우리와 항상 함께하게 된 것입니다. 그러므로 우리는 예수님의 사업, 복음 선포를 이제 교회와 우리가 해야 합니다. 그래서 오늘 복음에서 승천하면서 제자들에게 복음 선포의 사명을 주셨습니다.

셋째로, 주님의 승천은 우리의 희망입니다. 우리도 주님을 열심히 믿고 따를 때 천상 영광으로 불림을 받게 된다는 희망의 증표를 보여 준 것입니다.

그러므로 오늘 우리는 주님의 승천을 경축하면서 하늘만 쳐다볼 것이 아니라, 우리도 예수님의 복음 선포의 사명을 열심히 수행해야 하겠습니다. 더 나아가 주님께서 보여 주신 사랑을 실천함으로써 천국에 갈 수 있다는 희망을 품고 열심히 기쁘게 살아가야 하겠습니다.

"너희는 가서 모든 민족을 제자로 삼아, 아버지와 아들과 성령의 이름으로 세례를 주고, 내가 너희에게 명령한 모든 것을 가르쳐 지키게 하여라. 보라, 내가 세상 끝날까지 언제나 너희와 함께 있겠다."(마태 28,19-20) 아멘!

성령은 하느님의 힘, 에너지

형제자매 여러분, 요즘 거리마다 자동차가 넘쳐 납니다. 그리고 각 가정에 자동차를 모두 다 소유하고 있습니다. 형제자매 여러분, 자동차에 있어서 힘을 얻는 동력기관이 무엇이지요? 자동차의 엔진입니다. 자동차 엔진은 자동차에 동력을 공급하는 기관입니다. 그러므로 엔진은 사람에게 있어서 심장과 같은 중요한 기관입니다. 전기 자동차는 예외이지만, 자동차 엔진은 대부분 4행정 기관입니다. 4행정 기관은 흡입, 압축, 폭발, 배기의 4행정에 의해 한 주기를 끝내는 내연기관으로 왕복운동을 합니다. 이 내연기관은 실린더 내에 연료를 공기 중의 산소와 완전연소가 이루어지도록 잘 혼합된 상태에서 흡입하고 압축을 한 다음 폭발하여 연소를 시킬 때 발생하는 열에너지를 배기시킬 때 그 힘을 직접 이용해서 크랭크축을 돌려 운동에너지를 얻게 됩니다. 곧 엔진은 흡입, 압축, 폭발, 배기, 4행정 기관의 왕복운동에 의해 힘을 공급하는 내연기관을 말합니다.

형제자매 여러분, 오늘 성령 강림 대축일을 맞이했는데 '성령'이 도대체 무엇입니까? 성령은 한마디로 하느님에게 있어서 자동차의 엔진과 같은 것입니다. 자동차에 있어서 강력한 힘을 내게 하는 엔진처럼 하느님의 강력한 힘을 내게 하는 것, 바로 이것이 '성령'입니다. 성령은 하느님의 힘입니다. 곧 하느님의 에너지입니다. 하느님을 하느님답게 하는 힘입니다. 하느님의 영, 하느님의 얼입니다. 이 하느님의 얼은 무한하신 하느님의 정신입니다.

"한처음에 하느님께서 하늘과 땅을 창조하셨다. 땅은 아직 꼴을 갖추지 못하고 비어 있었는데, 어둠이 심연을 덮고 하느님의 영이 그 물 위를 감돌고 있었다. 하느님께서 말씀하시기를 '빛이 생겨라.'라고 하시자 빛이 생겼다."(창세 1,1-3) 이렇게 하느님의 영은 무에서 유를 창조하는 하느님의 힘입니다.

천사가 마리아에게 "'두려워하지 마라. 마리아야, 너는 하느님의 총애를 받았다. 보라, 이제 네가 잉태하여 아들을 낳을 터이니 그 이름을 예수라 하여라.' 마리아가 천사에게 '저는 남자를 알지 못하는데 어떻게 그런 일이 있을 수 있겠습니까?' 하자 천사가 마리아에게 대답하였다. '성령께서 너에게 내려오시고 지극히 높으신 분의 힘이 너를 덮을 것이다. 그러므로 태어날 아기는 거룩하신 분, 하느님의 아드님이라고 불릴 것이다.'"(루카 1,30-35 참조)라고 말했듯이 하느님의 힘인 이 성령은 불가능한 일이 없습니다.

성경에서는 성령을 숨이나 바람, 불이나 물 등으로 비유해서 말하고 있습니다. 하느님께서 사람을 창조하실 때 진흙으로 사람을 만드시고 거기에다 숨을 불어 넣으시니 사람이 되었다고 합니다.(창세 2,5) 곧 하느님의 숨은 하느님의 힘으로, 생명을 태동시킵니다. 숨을 쉰다는 것은 살아 있다는 증거입니다. 사람이 운명할 때 보면 대개 숨을 거칠게 몰아쉬다가 뚝 그치게 된다고 합니다. 그래서 오늘 화답송에서 "당신이 숨을 거두시면, 죽어서 먼지로 돌아가나이다. 당신이 숨을 보내시면 그들은 창조되고, 온 누리의 얼굴이 새로워지나이다."라고 노래합니다. 그리고 오늘 복음에서 예수님께서는 "그들에게 숨을 불어 넣으며 말씀하셨다. 성령을 받아라."(요한 20,22)라고 말씀하셨습니다. 형제자매 여러분, 잠시 숨을 멈추시고 100까지 셀 때까지 참으시기 바랍니다. 하나, 둘…. 형제자매 여러분, 이렇게 숨을 쉰다는 것이 얼마나 중요하고 절실한지 느끼셨을 것입니다. 성령은 이렇게 우리에게 생명을 주는 하느님의 숨결입니다. 형제자매 여러분, 여러분은 이런 숨인 성령을 받기를 진정 원하십니까? 원하시면 크게 "아멘!"으로 답해 주시기 바랍니다. 아멘!

또 성령을 바람에 비유합니다. 오늘 제1독서에서는 "갑자기 하늘에서 거센 바람이 부는 듯한 소리가 나더니, 그들이 앉아 있는 온 방을 가득 채웠다."(사도 2,2) 만약에 바람이 없다면 어떻게 되겠습니까? 찜통더위에 답답해서 죽을 것입니다. 방 안에 나쁜 냄새가 코를 찌른다면 중독되어 죽을 것입니다. "산 위에서 부는 바람 시원한 바람~" 노래가 있듯이 바람은 곧 생기를 줍니다. 형제자매 여러분, 여러분은 찜통더위에 땀을 뻘뻘 흘리며 지쳐 있을 때 신선한 바람과 같이 생기를 주는 성령을 진정 원하십니까? 아멘!

또한, 성령을 불에 비유합니다. 오늘 제1독서에서 "불꽃 모양의 혀들이 나타나 갈라지면서 각 사람 위에 내려앉았다."(사도 2,3)라고 합니다. 불은 우리가 알다시피 추울 때 따뜻한 온기를 주면서 얼었던 몸과 마음을 녹입니다. 불은 공장의 기계를 가동하는 그 힘으로 물품을 생산합니다. 불은 또 어둠을 밝히는 빛을 냅니다. 또 더러운 것을 태워 정화합니다. 그 사람은 믿음에 불이 붙었다고 합니다. 그럴 때 열정적이고 힘과 용기를 실어 줍니다. 바로 성령의 역할입니다. 오늘 복음에서 보듯이 "제자들은 유다인들이 두려워 문을 모두 잠가 놓고 있었다."(요한 20,19)라고 합니다. 그런데 성령을 받고 그들은 용감하게 주님을 증언하다 순교의 영광을 차지하셨습니다. 그래서 오늘 두 번째 독서에서 바오로 사도는 "성령에 힘입지 않고서는 아무도 '예수님은 주님이시다.' 할 수 없다."(1고린 12,3)라고 고백하고 있습니다.

형제자매 여러분, 오늘 성령 강림 대축일을 맞이하여 모두 다 성령을 충만히 받고 제발 믿음의 불이 활활 타오르면 좋겠습니다. 여러분은 그렇게 되시기를 진정 원하십니까? 아멘!

또한, 성령을 물에 비유합니다. 동식물 세계에서 물은 생명입니다. 요한복음 사가는 "목마른 사람은 다 나에게 와서 마셔라. 나를 믿는 사람은 성경 말씀대로 '그 속에서부터 생수의 강들이 흘러나올 것이다.' 이는 당신을 믿는 이들이 받게 될 성령을 가리켜 하신 말씀이었다."(요한 7,37-39)라고 말합니다. 이렇게 성령은 우리 영혼에 있어서 물 같은 존재입니다. 무더운 여름날 목이 타들어 가는 갈증을 느낄 때 시원한 물 한 잔을 마실 때 그 기분 아시지요? 이럴 때 시원한 맥주 한 잔, 그 맛, 잊지 못할 것입니다. 시원한 '막걸리'도 좋겠지요. 형제자매 여러분, 여러분은 이런 생수 같은 성령을 진정 충만히 받기를 원하십니까? 아멘!

아무쪼록 형제자매 여러분, 성령은 하느님의 힘이고 에너지입니다. 성령은 우리의 생명과 직결되는 숨과도 같습니다. 성령은 무더위에 더위를 식히는 상쾌한 바람과도 같습니다. 또한, 성령은 믿음에 열정을 더하는 활활 타오르는 불과도 같습니다. 또한, 성령은 타들어 가는 목마른 사람에게 생수와 같은 존재입니다. 그러므로 형제자매 여러분, 오늘 성령 강림 대축일을 맞이하여 진정 이런 성령의 은혜를 충만히 받으시길 빕니다. 아멘! 아멘! 아멘!

"오소서 성령님, 믿는 이들의 마음을 성령으로 가득 채우시어, 그들 안에 사랑의 불이 타오르게 하소서." 아멘!

🖤✝ 연중 시기 ✝🖤

1달러 11센트의 기적

형제자매 여러분, 오늘은 〈1달러 11센트의 기적〉이라는 감동적인 글을 먼저 소개해 드립니다.

나이에 비해 조숙한 8살짜리 '테스'는 부모님이 나누는 이야기를 몰래 엿듣고 있었습니다. 남동생 '앤드류'에 대하여 말씀하시는 것이었습니다. 테스가 알고 있는 것은 앤드류가 많이 아프지만, 치료할 돈이 없다는 것이었습니다. 아빠는 이제 집세도 낼 수가 없기에 다음 달에는 빈민촌 아파트로 이사를 가야만 합니다. 지금 동생의 병을 치료하기 위해선 큰 병원에서 많은 돈을 주고 대수술을 해야 하지만, 아무도 그렇게 큰돈을 빌려줄 수 없었습니다.

테스는 아빠가 울고 있는 엄마에게 이야기하는 것을 들었습니다. "여보 이제 우리 앤드류는 기적이 아니면 살릴 수가 없소."라는 절망적인 어조의 목소리로….

테스는 자기 방으로 돌아와 벽장 속에 숨겨 둔 유리 저금통을 꺼내 모든 동전을 바닥에 쏟아 놓고 조심스럽게 세어 보았습니다. 1달러 11센트. 테스는 혹시, 실수해서는 안 된다는 생각에 몇 번씩이나 세어 보았습니다. 테스는 동전들을 다시 저금통에 넣고 뚜껑을 막은 다음 저금통을 가지고 조용히 뒷문으로 빠져나와 어디론가 달려갔습니다. 몇 정거장이나 떨어진 곳에 붉은 인디언 그림이 그려진 큰 간판이 걸려 있는 건물로 달려갔습니다. 그 건물은 '렉셀' 씨가 운영하는 약국이었습니다. 테스는 약국으로 들어갔으나 아저씨는 알아보지 못했습니다. 그 래서 아저씨가 알아볼 때까지 참을성 있게 기다렸습니다. 그런데 약사 아저씨는 지금 아주 바쁜 것 같았습니다. 테스는 발소리를 내 보았습니 다. 하지만, 아저씨는 알아듣지 못하는 것 같았습니다. 이번엔 기침 소 리를 내 보았지만 그래도 소용이 없었습니다. 마침내 테스는 저금통에 서 동전을 꺼내서 유리 카운터에 찰칵 소리가 나도록 놓았습니다. 동생 을 생각하니 더 이상 기다릴 수 없었습니다. 그제야 약사 아저씨는 테 스를 돌아보았습니다. "어떻게 왔니?" 약사 아저씨는 귀찮은 듯이 물 었습니다. 그리고 대답도 기다리지 않고 말했습니다. "난 지금 시카고 에서 온 동생과 이야기를 나누고 있단다." 더 이상 참을 수 없어 테스도 다급한 소리로 말했습니다. "저는 제 남동생에 대해 말하고 싶어요. 제 동생은 지금 너무 아파요. 그리고 제 동생은 기적이 아니면 살릴 수 없 대요. 그래서 기적을 사러 온 거예요." "뭐라고?" 아저씨가 놀라서 물었 습니다. 테스는 계속해서 말했습니다. "제 동생 이름은 앤드류인데요. 머릿속에 무슨 이상한 것이 자라고 있대요. 그래서 아빠는 기적만이 제 동생을 살릴 수 있대요. 그래서 기적을 사려고 뛰어왔어요. 그런데 그 기적이 얼마예요?" 약사 아저씨는 약간 누그러진 목소리로 말했습니 다. "얘야, 미안하지만 우린 널 도와줄 수가 없구나."

테스는 더 이상 아저씨의 말만 듣고 있을 수 없었습니다. "잠깐만요. 제가 기적을 살 돈을 가져왔어요. 제 돈이 모자라면 더 가져올게요. 그 가격만 말씀해 주세요." 가엾은 소녀 테스가 말했습니다. 이때 시카고 에서 오셨다는 손님이 테스 가까이 오셨습니다. 그분은 몸을 굽혀서 그 작은 소녀에게 물었습니다. "남동생에게 무슨 기적이 필요하니?" "모 르겠어요." 테스는 기대에 찬 눈빛을 반짝이면서 말을 이었습니다. "엄 마가 그러시는데, 제 동생이 너무 아파서 수술해야 한대요. 그런데 아 빠 돈이 없어서 제 돈을 쓰려고 해요." "그래, 얼마를 가져왔니?" 시카고에서 오신 분이 물었습니다. "1달러 11센트요." 테스는 아주 작은 목소리로 대답했습니다. "지금 이 돈이 전부예요. 그러나 부족하다면 더 가져올 수 있어요." "그거 참 대단한 우연이로구나." 그 신사분이 미소를 지으며 말했습니다. "네 남동생의 기적을 사려면 정확히 1달러 11센트가 필요하단다." 신사는 테스가 가져온 저금통을 받아 들고 한 손으로 테스의 작은 손을 잡고 말했습니다. "너희 집으로 같이 가자. 너의 남동생과 부모님을 만나 보고 싶구나. 내가 가지고 있는 기적이 네가 살려고 한 기적과 같은지 한번 보자꾸나."

이 신사는 세계적인 신경 전문의 '칼톤 암스트롱' 박사였습니다. 그 수술은 1달러 11센트로 이루어졌고 앤드류는 곧 회복되어 정상으로 돌아왔습니다. 1달러 11센트에 기적을 산 테스의 이야기를 엄마, 아빠는 행복하게 이야기할 수 있었습니다. 엄마가 테스에게 속삭였습니다. "앤드류의 수술은 참으로 기적이었단다. 이 기적의 값이 얼마나 되었는지 아니?" 테스는 혼자서 미소 지었습니다. 테스는 그 기적의 값이 얼마나 되는지 누구보다 잘 알고 있었습니다. '1달러 11센트'[5]

형제자매 여러분, 이 이야기는 실화입니다. 한 어린 소녀의 너무나 순진한 사랑과 믿음이 기적을 낳았습니다. 오늘 복음에서 예수님께서는 "하느님의 나라는 겨자씨와 같다. 땅에 뿌릴 때에는 세상의 어떤 씨앗보다도 작다. 그러나 땅에 뿌려지면 자라나서 어떤 풀보다도 커지고 큰 가지들을 뻗어, 하늘의 새들이 그 그늘에 깃들일 수 있게 된다."(마태 4,31-32)라고 말씀하셨습니다. 이렇게 한 소녀의 순진한 사랑과 믿음이 저금통을 몽땅 털게 했습니다. 1달러 11센트, 비록 겨자씨와 같은 너무나도 적은 돈이었지만 동생의 병을, 치유할 수 있는 엄청

---

5) http://westyzone.tistory.com/6310980

난 기적을 사게 했습니다. 겨자씨가 자라나 큰 나무가 되듯, 이렇게 하찮은 순수한 사랑과 믿음은 새들이 깃들어 노래 부르는 천국으로 만들었습니다.

형제자매 여러분, 우리도 기적을 낳는 삶을 살아야겠습니다. 1달러 11센트의 기적처럼, 겨자씨와 같은 사랑과 믿음, 작은 친절과 봉사, 용기를 주는 말 한마디가 기적을 낳을 수 있기 때문입니다.

"하느님의 나라는 겨자씨와 같다."(마태 4,31) 아멘!

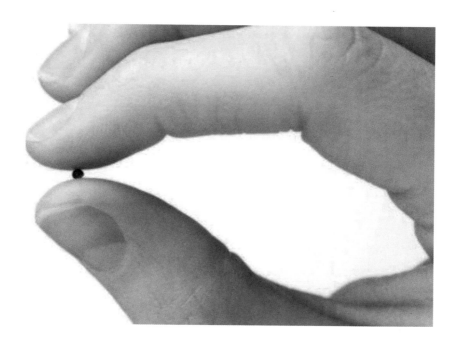

믿음이 가져온 3실링의 기적

유고슬라비아에서 태어나 평생을 인도 콜카타의 가난한 동네에서 보내다가 1997년 세상을 떠난 테레사 수녀님은 큰 믿음의 사람이었습니다. 아무것도 없는 허허벌판에서 빈손으로 병원과 보육원 등을 세웠고 그 빈손으로 가난한 자들을 먹여 살렸습니다. 30여 년간 빈민을 구호하고 이들의 고통을 들어주기 위하여 평생을 바친 테레사 수녀님께 1979년에는 노벨 평화상이 수여되었고 2016년에는 프란치스코 교황님으로부터 시성의 영광을 차지하셨습니다.

1964년 마더 테레사(Mother Teresa) 수녀님은 기자회견을 통해 인도 콜카타에 큰 고아원을 세우겠다고 말했습니다. 그러자 기자들이 이렇게 되물었습니다. "모금된 돈이 대단히 많습니까? 어떻게 그렇게 큰 고아원을 세울 수 있습니까?" 그러자 테레사 수녀님은 자신이 가진 돈 3실링, 우리 돈으로 300원을 내놓고 "이것이 내가 가진 돈 전부입니다."라고 하니까 기자들이 박장대소를 하며 웃었습니다. 농담하는 줄로 알고, 말입니다. 그러나 테레사 수녀님은 진지한 낯으로 이렇게 말했습니다. "이 3실링으로 테레사 수녀는 아무 일도 못 합니다. 그러나 하느님은 이 3실링으로 무엇이든지 할 수 있습니다. 믿고 감사하는 자녀를 하느님 아버지께서는 결코, 잊지 않을 것입니다."라고 말했다고 합니다.

자신이 가진 것은, 현재 3실링밖에 없지만, 하느님께 의탁하고 하느님께 맡기면 기적이 일어난다는 것을, 믿었기 때문에 테레사 수녀님은 3실링을 들고 간절히 전능하신 하느님께 기도했습니다. "하느님! 이 적은 돈을 통해서 수많은 고아를 돌볼 수 있는 고아원을 짓게 해 주시옵소서!" 그렇게 기도한 결과 3실링으로 사랑의 선교회를 시작할 수 있었습니다. 3실링은 사랑을 실천하는 귀중한 씨앗이 되어 많은 이들의 따뜻한 손길을 불러 모았습니다. 전 세계 사람들의 호응을 받아서 그 3실링(우리나라 돈 300원)을 가지고서 시작하여 600개의 고아원을 세울 수 있었습니다. 무려 130여 개 국가에서 고아원을 세워 고아를 돌볼 수 있는 기적이 일어난 것입니다. 이것은 바로 믿음이 가져온 기적입니다. 소위 '3실링의 기적'이 일어났습니다.[6)]

형제자매 여러분, 이렇게 테레사 수녀님은 나의 것이 아닌 하느님의 것을 세우고 하느님의 흔적을 남기기 위한 노력은 분명히 이루어진다고 믿었습니다. 사람들은 자신의 흔적을 남기기 위해 안간힘을 쓰기 때문에, 문제가 생깁니다. 테레사 수녀님은 "주님, 주님의 일을 위해 힘쓰게 하소서."라는 기도대로 하느님의 일을 세우고 하느님의 흔적을 남기기 위해 한평생 힘쓰신 분이십니다. 스스로 하느님의 몽당연필이 되신 분입니다. 여러분은 하느님의 일을 위해 얼마나 힘을 기울이고 계십니까? 테레사 수녀님은 "하느님은 없는 것을 있게 하시고 불가능을 가능케 하시는 하느님이시요, 어제나 오늘이나 영원토록 같으시며 변치도 않으신 분. 또한, 하느님은 믿음으로 나아가는 자들에게 항상 기적을 보여 주시는 분."이라고 믿었습니다.

---

6) https://cafe.naver.com/morningshock/3424

형제자매 여러분, 오늘 복음을 보더라도 믿음이 관건입니다. "그때에 거센 돌풍이 일어 물결이 배 안으로 들이쳐서, 물이 배에 거의 가득 차게 되었다. 그런데도 예수님께서는 고물에서 베개를 베고 주무시고 계셨다. 제자들이 예수님을 깨우며, '스승님, 저희가 죽게 되었는데도 걱정되지 않으십니까?' 하고 말하였다. 그러자 예수님께서 깨어나시어 바람을 꾸짖으시고 호수더러, '잠잠해져라. 조용히 하여라!' 하시니 바람이 멎고 아주 고요해졌다. 예수님께서는 그들에게, '왜 겁을 내느냐? 아직도 믿음이 없느냐?'라고 말씀하셨다. 그들은 큰 두려움에 사로잡혀 서로 말하였다. '도대체 이분이 누구이시기에 바람과 호수까지 복종하는가?'"(마르 4,37-41)

형제자매 여러분, 오늘 복음 말씀을 보더라도 제자들은 예수님과 함께 있는데 돌풍이 불어 파도가 배 안으로 들이친다고 해서 죽을까 봐 주무시고 있는 예수님을 깨우고, 야단입니다. 제자들은 조금 전에 말씀드린 테레사 수녀님과 영 다른 태도를 취합니다. "이 3실링으로 테레사 수녀는 아무 일도 못 합니다. 그러나 하느님은 이 3실링으로 무엇이나 할 수 있습니다. 믿고 감사하는 자녀를 하느님 아버지께서는 결코, 잊지 않을 것입니다."라고 말했다고 했지요? 하느님께서 함께하시면, 비록 3실링, 300원이라고 하더라도 무엇이라도 할 수 있는 기적이 일어난다고 믿었기에 믿는 대로 얻을 수 있었습니다. 그러나 제자들은 예수님께서 배 안에 함께 계시는데도 당장 풍랑과 파도가 무서워서 안절부절못합니다. "왜 겁을 내느냐? 아직도 믿음이 없느냐?"(마르 4,40)라는 예수님의 책망을 받습니다.

형제자매 여러분, 그러므로 우리는 테레사 수녀님처럼 "하느님은 없는 것을 있게 하시고 불가능을 가능케 하시는 하느님이시요, 어제나 오늘이나 영원토록 같으시며 변치도 않으시는 분. 또한, 하느님은 믿음으로 나아가는 자들에게 항상 기적을 보여 주시는 분."이심을 믿는 신앙인이 되어야 하겠습니다. 오늘 복음의 제자들처럼 예수님께 "왜 겁을 내느냐? 아직도 믿음이 없느냐?"(마르 4,40)라는 책망을 듣는 신앙인이 되지 않도록 노력해야 하겠습니다.

"왜 겁을 내느냐? 아직도 믿음이 없느냐?"(마르 4,40) 아멘.

예수님의 손

2차 대전이 끝나 갈 무렵, 미군 1개 소대가 독일의 어느 작은 동네에 진입했습니다. 전쟁이 할퀴고 간 뒤라 모든 건물이 무너지고 동네는 엉망진창입니다. 성당 건물도 무너지고 성당 앞마당에 우뚝 서 있던 예수님 석상도 넘어져 조각이 났습니다. 병사들은 무엇보다도 이 예수님상을 다시 세우고 깨진 조각을 모아 붙였습니다. 그런대로 모습이 복원되었습니다. 그런데 아무리 찾아도 두 팔을 벌린 예수님의 손만은 보이지 않았습니다. "무거운 짐에 허덕이는 사람은 다 나에게 오너라. 내가 편히 쉬게 하겠다."라는 예수님의 말씀이 손 없는 석상 앞에 새겨져 있었습니다. 한 병사가 얼른 뛰어가서 그 성경 구절 앞에 다른 종이를 덧대더니 다음과 같은 글을 썼습니다. 뭐라고 썼을까요? "나는 두 손이 없구나. 너희 손을 빌려 다오!"

참으로 멋진 글입니다. 오늘을 사는 크리스천들은 바로 예수님의 손이 되어야 할 부르심을 받고 있습니다. 예수님의 손은 어린이들의 머리를 쓰다듬고 축복해 주신 '축복의 손'이었습니다. 예수님의 손은 앞을 못 보는 소경의 눈에 침을 발라 치유해 주신 '치유의 손'입니다. 더 나아가 나병 환자에게도 손을 대시며 "내가 하고자 하니 깨끗하게 되어라."라고 하신 '치유의 손'이 되셨습니다. 예수님의 손은 가난하고 헐벗은 사람과 함께하시면서 힘과 용기를 주신 '위로의 손', '자비의 손'입니다. 그리고 모든 것을 다 탕진하고 거지꼴로 돌아온 아들을 두 팔을 벌려 포옹하시는 '용서의 손'입니다. 또 예수님의 손은 최후의 만찬을 통해서 제자들의 발을 손수 씻어 주신 '사랑의 손'입니다. 그리고 빵과 포도주는 축복해서 건네주시는 거룩한 '사제의 손'입니다. 더욱이 십자가상의 제사를 통해서 두 팔을 벌려 우리 죄를, 속죄하기 위하여 손에 못 박은 '조건 없는 사랑의 손'입니다.

형제자매 여러분, 오늘 복음의 야이로라는 회당장은 예수님 앞에 무릎을 꿇습니다. 죽어 가는 제 딸에게 제발 손을 얹어 병을 낫게 해 달라고 간곡히 청합니다. 회당장이 예수님 앞에 무릎을 꿇었다는 것은 백방으로 의사에게 치료받고 약이란 약은 다 먹어 봤지만 아무 소용이 없었기 때문에 이젠 더 나아가 회당장인 자신의 지위나 명예나 재산까지도 다 내려놓았다는 것입니다. 이제 오로지 자신의 딸을 치유할 수 있는 분은 예수님, 예수님의 손밖에 없다는 것입니다. 이렇게 회당장은 예수님의 손을 전적으로 믿었습니다. 회당장의 집으로 가는 도중에 많은 군중이 예수님을 따르며 밀쳐 댔다고 합니다. 그 가운데 하혈하는 여자가 숱한 고생을 하며 많은 의사에게 돈을 쏟아부었지만 아무 효험도 없이 상태만 더 나빠졌다고 합니다. 그 여인은 예수님의 소문을 듣고 군중에 섞여 예수님 뒤로 가서 '내가 저분의 옷에 손을 대기만 해도 구원을 받겠지.' 이렇게 생각하며 예수님의 옷에 손을 댔다고 합니다. 얼마나 믿음이 돈독합니까? 그래서 예수님께서 "딸아, 네 믿음이 너를 구원하였다. 평안히 가거라. 그래서 병에서 벗어나 건강해져라."(마르 5,34)라고 선언해 주었습니다. 이렇게 하혈 병을 앓던 여인이 예수님의 옷자락을 만진 그 손은 '믿음의 손'입니다. 그 믿음의 손은 소망대로 예수님을 통해서 '소망의 손'이 되었습니다.

예수님께서 아직 말씀하고 계실 때에 회당장의 집에서 사람들이 와서 "따님이 죽었으니 이제 스승님을 수고롭게 할 필요가 있겠습니까?"라고 말했습니다. 이 말을 들으시고 예수님께서는 회당장에게 "두려워하지 말고 믿기만 하여라."라고 말씀하셨는데 이 순간에 어떻게 믿기만 할 수 있겠습니까? 보통 사람 같으면 울고불고 난리를 쳤을 것입니다. 하여튼 예수님께서는 따님이 죽었다는 소식을 듣고 회당장의 집으로 가셨습니다. 예수님께서는 그 집에 들어가셔서 아이의 손을 잡으시고 "탈리타 쿰(소녀야, 일어나라)!"이라고 하셨습니다. 그러자 곧바로 일어서서 걸어 다녔습니다. 사람들은 몹시 놀라 넋을 잃었습니다. 이렇게 예수님의 손은 '생명의 손'이 되셨습니다. 죽은 사람까지도 일으키는 생명의 손이 되셨습니다.

형제자매 여러분, 아무런 죄도 없으신 예수님은 우리의 고통을 온전히 대신 겪으시며 십자가에 손을 내어 주셨습니다. 우리를 대신하여 죄의 멍에를 짊어지셨습니다. 그 자비의 손으로 인하여 우리는 새로운 삶을 살아가게 되었습니다. 이렇게 예수님의 손은 모두를 살리고 용서하시고 포용하시는 사랑의 손이 되셨습니다.

그러므로 형제자매 여러분, 우리도 예수님의 손이 되어야 하겠습니다. 곧 예수님의 손은 축복의 손, 위로의 손, 자비의 손, 용서의 손, 생명의 손, 사랑의 손이 되셨습니다. 그렇다면 하혈 병에 걸려 치유를 받았던 여인의 손은 무슨 손이라고 부르면 좋겠습니까? '믿음의 손'이지요. 아울러 여러분들은 이런 '믿음의 손'이 되어야 하겠습니다.

형제자매 여러분, 우리도 우리의 손을 내밀어 다른 사람을 보듬어 기쁨을 주는 축복의 손이 되어야 하겠습니다. 실의에 빠진 친구의 등을 쓰다듬어 주고, 위로해 주는 '위로의 손', '희망의 손'이 되어야 하겠습니다. 아픔으로 지친 환자의 손을 지그시 잡아 주며, 힘과 용기를 주는 '용기의 손', 사랑하는 이를 잃고 슬픔에 잠긴 이웃을 따뜻하게 안아 주는 '사랑의 손'이 되어야 하겠습니다. 암흑의 세계에서 냉담하고 있는 사람들의 손을 잡고 주님께로 인도하는 '광명의 손', '생명의 손'이 되어야 하겠습니다. 그렇게 할 때 "탈리타 쿰(소녀야, 일어나라)!"이라고 일으키신 주님의 그 손으로 당신 친히 손을 내밀어 우리 손을 잡고 천국 문으로 끌어들일 것입니다.

　그러므로 형제자매 여러분, 오늘 강론 처음에 말씀드린 예화를 기억하십니까? 병사들이 전쟁으로 부서진 예수님의 석상 조각을 다시 주워 모아 붙여 세웠는데 두 손만 찾을 수가 없었다고 했습니다. 예수님의 두 손이 없는 석상 앞에 "무거운 짐에 허덕이는 사람은 다 나에게 오너라. 내가 편히 쉬게 하겠다."라는 성경 구절이 옛날 그대로 쓰여 있었는데 한 병사가 얼른 뭐라고 써 붙였다고 했습니까? "나는 두 손이 없구나. 너희 손을 빌려 다오!" 형제자매 여러분, 이 예수님 석상 앞에 써 붙인 글귀를 생각하면서 우리 모두 예수님의 손이 되어야 하겠습니다.

> "나는 두 손이 없구나. 너희 손을 빌려다오!" 아멘!

　형제자매 여러분, 오늘은 교황 주일입니다. 베드로 바오로 사도 축일 전후로 해서 교황 주일을 지냅니다. 왜냐하면, 첫 교황인 베드로 사도에게 반석 위에 교회를 세우시고 "내 양을 잘 돌보아라!" 하시며 하늘나라 열쇠와 함께 모든 것을 맡겨 주셨기 때문입니다.
　그러므로 베드로 사도의 후계자인 프란치스코 교황님께 맡겨진 막중한 임무 수행을 잘 하실 수 있도록, 영육 간의 건강을 위해 기도하면서 세계 평화를 위해 기여할 수 있도록 열심히 기도해야 하겠습니다. 더 나아가 교황님의 특별 사목 수행을 위한 2차 헌금을 통해서 교황님을 지원하도록 하시면 좋겠습니다. 아멘.

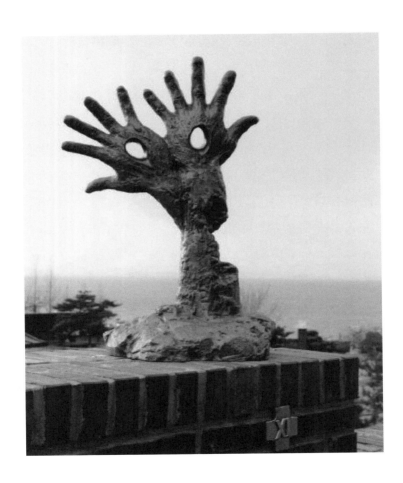

그대들은 지금 베토벤을 죽였다!

미국에 있는 UCLA라고 하는 대학의 의과대학 교수가 이제 머지않아 의학 공부를 마치고 바로 현지 병원에 나가서 환자들을 진찰하고 치료하게 될 학생들을 놓고 가르치고 있었습니다. 가르치는 중에 한 사례를 들어 학생들에게 다음과 같은 질문을 했습니다. "아버지는 매독에 걸려 있고 어머니는 폐결핵 환자이다. 여기서 아이 넷이 태어났는데, 첫째 아이는 매독균으로 인해서 장님이 되었고, 둘째 아이는 이미 병들어 죽었고, 셋째 아이 역시 이 부모들의 병 때문에 귀머거리가 되었고, 넷째 아이는 결핵 환자가 되었다. 이런 때에 어머니가 또, 임신했다. 이런 경우에 그대들이라면 어떻게 할 것인가?" 학생들은 입을 모아 대답합니다. "유산시켜야 합니다. 아버지가 매독 환자요, 어머니가 폐결핵 환자이며, 이미 낳은 아이 넷도 다 그 모양이 되었는데, 이러한 악조건에서 아이를 또 낳아 놓으면 어떻게 되겠습니까? 당연히 유산을 시켜야 합니다." 그러자 교수는 아주 점잖은 목소리로 말했습니다. "그대들은 지금 베토벤을 죽였다."

우리가 아는 음악의 천재 작곡가 베토벤은 바로 그런 환경 가운데서 1770년에 태어났습니다. 아버지는 매독 환자요, 어머니는 폐결핵 환자요, 형제들도 다 병들어 그 모양이지마는 그 가운데서 태어나 57년 동안 작곡 활동을 했습니다. 물론 그도 나중에는 귀머거리가 되었습니다마는 그런 가운데서도 많은 불후의 명곡을 작곡하게 됩니다. 우리는 이 예를 통하여 무릇 우리 인간의 판단과 사고가 얼마나 어리석고 잘못되기 쉬운가를 알아야 하겠습니다. 그래서 그 교수는 말했습니다. "그대들은 환자들을 대할 때에 이 사실을 잊지 말아라. 의학적 지식이 좀 있다고 해서 편견을 가지고 이렇게 저렇게 치료하고 수술하고 없애고 할 것이 아니다. 모름지기 하느님의 역사가 어떻게 이루어지고 있는가를 생각하고 겸손하게 신중하게 해야 한다."[7]

형제자매 여러분, 오늘 복음 말씀을 보면 예수님께서 고향 나자렛에 가셔서 회당에서 가르침을 주십니다. 그런데 많은 사람이 놀라움을 금치 못하면서 편견을 가지고 이렇게 말합니다. "저 사람이 어디서 저 모든 것을 얻었을까? 저런 지혜를 어디서 받았을까? 그의 손에서 저런 기적들이 일어나다니! 저 사람은 목수로서 마리아의 아들이며, 야고보, 요세, 유다, 시몬과 형제간이 아닌가? 그의 누이들도 우리와 함께 여기에 살고 있지 않은가?"(마르 6,2-3) 그러면서 그들은 예수님을 못마땅하게 여겼기 때문에 예수님께서는 "예언자는 어디에서나 존경받지만, 고향과 친척과 집안에서만은 존경받지 못한다."(마르 6,4)라고 하시면서 아무런 기적도 행하시지 않고 고향을 떠나셨습니다.

이렇게 예수님의 고향 사람들은 편견을 가지고 "목수의 아들인 주제에 별수 있겠는가? 그의 사촌 형제들과 누이들을 우리가 너무나 잘 알고 있지 않은가?" 하면서 예수님을 배척했습니다. 만약에 예수님의 고향 사람들이 편견을 버리고 예수님을 환영했다면 큰 은혜를 받았을 것입니다.

형제자매 여러분, 조금 전 예화에서 의과대학 교수가 학생들에게 질

---

7) https://kju1909.tistory.com/6718

문한 내용을 볼 때 통상적으로 의학적인 지식으로 판단할 때 그런 경우 유산을 시키는 것이 합당하지만 "여러분들은 그 유명한 천재 음악가 베토벤을 죽였다."라고 말한 그 사실을 명심해야 하겠습니다. 내가 통상적으로 선입관을 가지고 알량한 지식만으로 판단하지 말고 하느님의 역사가 어떻게 작용하는지를 헤아리면서 아주 신중하게 환자들을 대하고 수술하고 치료해야 한다고 한 말씀이 무척 마음에 와닿습니다.

형제자매 여러분, 역시 예수님의 고향 사람들도 아집과 편견을 버리고 고향에 오신 예수님을 받아들이고 열렬히 환영했다면 엄청나게 사정은 달라졌을 것입니다. 그러므로 우리는 신앙생활 속에서도 아집과 편견을 버리고 겸손한 마음으로 하느님 아버지를 믿고 바라고 사랑할 수 있는 신앙생활을 해야 하겠습니다. 그렇게 산다면 우리도 무척 달라질 것입니다. 더 나아가 형제자매들을 대할 때에도 아집과 편견을 버리고 겸손과 사랑으로 서로를 대할 수 있도록 노력해야 하겠습니다. 결코, 아집과 편견 때문에 그 유명한 음악의 천재 작곡가 베토벤을 죽이는 과오를 범하지 말아야 하겠습니다. 더 나아가 고향에 오신 예수님을 냉대하고 배척하는 과오도 범하지 말아야 하겠습니다.

> "예언자는 어디에서나 존경받지만, 고향과 친척과 집안에서만은 존경받지 못한다."(마르 6,4) 아멘!

여행 가방은 간단하게

형제자매 여러분, 여러분들은 해외여행이나 해외 성지순례를 한 번쯤 다녀왔으리라 믿습니다. 해외여행이나 해외 성지순례를 간다면, 짐 챙기는 것도 보통 일이 아닙니다. 해외여행에 있어서 필수적으로 꼭 준비해야 할 것들은 어떤 것이 있습니까? 첫째 여권입니다. 만약을 위해서 여권 사본과 여권 사진도 준비하면 좋겠지요. 그다음은 항공권이나 전자티켓, 현금과 신용카드입니다. 달러는 전 세계에 통용되지만, 환전해서 그 나라의 현금을 조금 준비해야 합니다. 그다음은 어떤 것들이 있겠습니까? 호텔 이용 쿠폰이나 예약증서, 여행자보험, 비자, 핸드폰을 위한 데이터 로밍과 포켓 와이파이 등이 필수적일 것입니다.

그다음엔 의류, 옷가지들을 챙겨야 하겠습니다. 때론 추울 때를 대비하여 카디건이나 바람막이 점퍼도 필요하겠지요. 비 올 때를 대비하여 우산 겸 양산도 필요합니다. 현지 기후에 맞게 말입니다. 멀미약, 지사제, 소화제, 진통제, 감기약과 같은 의약품, 그리고 화장품, 세면도구, 카메라, 멀티탭, 핸드폰 충전기 같은 전자제품, 기타 용품들을 챙겨야 할 것입니다. 어떤 사람은 심지어 고추장, 된장, 라면, 소주 등도 준비하는 분들도 있습니다. 그런데 실상 짐을 싸다가 보면, 여행 가방 안에 들어갈 것들은 많은데, 가방이 작아서 넣었다 뺐다 하면서 고심한 적이 있을 것입니다.

형제자매 여러분, 우리가 해외여행이나, 성지순례를 갈 때 꼭 챙겨야 할 것, 가져갈 것들이 이렇게 많은데, 오늘 복음 말씀을 보면, 제자들이 전교 여행을 떠날 때 "지팡이 외에는 아무것도, 빵도 여행 보따리도 전대에 돈도 가져가지 말라고 명령하시고, 신발은 신되 옷도 두 벌은 껴입지 말라고 이르셨다."(마르 6,8-9)라고 합니다.

형제자매 여러분, 예수님께서 전교 여행을 할 때 필요한 것들도 많았을 텐데, 제자들에게 왜 빈손으로 가라고 하셨겠습니까? 그것은 무엇보다도 인간적인 수단에 의존하지 않고 하느님께만 의존하도록 하기 위함입니다. 한눈팔지 말고 열정적으로 복음 선포에만 골몰하도록 하기 위함입니다. 중요한 것은 하느님께서 그들이 살아가는 데 필요한 모든 것을 마련해 주시리라는 사실에 대한 무한한 신뢰심입니다. 이렇게 하느님께 모든 것을 맡기고 신뢰심을 갖고 열정적으로 복음 선포에만 투신하라는 것일 것입니다.

형제자매 여러분, 이렇게 우리 주님께서는 복음 전교 여행을 빈손으로 떠나라고 한 이유는, 어떤 것에도 얽매이지 말고 자유롭게 오로지 하느님 아버지께 모든 것을 맡기고 신뢰심을 갖도록 하기 위해서일 것입니다.

형제자매 여러분, 그런데 우리는 어떻습니까? 주님께서 우리를 파견하셔도 우리는 아직 떠나지 못하고 있습니다. 꾸려야 할 짐이 많다고 가방을 아직 다 챙기지 못했다고 변명하고 있습니다. 아직 전교 여행 가방 안에 챙겨야 할 것들이 많은데 준비가 덜 되었다고 항상 변명하곤 합니다. 난 먼저 전교하자면, 말을 잘해야 하는데, 꿀 먹은 벙어리처럼 입이 열리지 않으니 어떻게 합니까? 그들은 교리나 성경 지식이 필요한데, 난 아는 것이 없어서 꽝입니다. 나중에 좀 더 배워서 전교

하겠습니다. 그리고 전교를 하자면 맨손으로 되겠습니까? 음료수라도 들고 가야 하는데 아직 경제적 여건이 못 됩니다. 저는 항상 바쁘게 살다 보니 시간적인 여유가 생길 때 그때 전교하겠습니다. 그리고 전교를 하자면 옷도 잘 입고 방문해야 하는데, 옷도 변변찮습니다. 그리고 돈도 벌어 놔야 자식들 공부시키고 시집, 장가를 보내고 하지 않겠습니까? 또 늙어서 양로원에라도 가지 않겠습니까? 친구들은 여행도 잘 가고 놀이도 잘 가는데 저도 해외여행 다녀와야 하지 않겠습니까? 그러기 위해선 악착같이 돈을 벌고 모아야 하지 않겠습니까? 참으로 바쁘고 시간도 없습니다. 주님 전교 여행을 위해서 이런저런 준비할 것도 많은데 아직 준비되지 않았기 때문에 나중에 전교 여행 가방 다 챙기면 그때 가겠습니다. 주님, 죄송합니다. 이것이 우리들의 변명입니다.

형제자매 여러분, 그렇지만 제자들은 빈손으로 떠났습니다. 주님만을 믿고 주님께 모든 것을 맡기고 떠났습니다. 예수님께서 둘씩 짝지어 파견하셨다고 하는데 서로에게 힘이 되고 위안이 될 것입니다. 모르는 것은 서로 보충하고 도와줄 수 있기 때문입니다. 그러기에 우리도 전교 여행에 있어서 동반자를 구해야 하겠습니다. 그렇지만 전교를 하는 데 있어서 순탄치만 않고 어려움이 뒤따를 수도 있다는 것입니다. "또한, 어느 곳이든 너희를 받아들이지 않고 너희 말도 듣지 않으면, 그 고을을 떠날 때에 그들에게 보이는 증거로 너희 발밑의 먼지를 털어 버려라."(마르 6,11)라는 말씀을 보면 알 수 있습니다. 곧 냉대와 멸시를 받더라도 먼지처럼 훌훌 털어 버려야 한다는 것입니다.

그러므로 형제자매 여러분, 오로지 우리가 해야 할 일은 주님께 전적으로 모든 것을 맡기고 복음을 전해야 하겠습니다. 그 뒤의 일은 주님께서 다 알아서 해 주시리라는 신념을 갖고서 말입니다. 그러기 위해선 전교 여행 가방을 아직 다 챙기지 못했다고 이런저런 핑계를 대지 말고 전교 여행 가방을 아주 간단히 싸서 지금 당장 떠날 수 있는 신앙인이 되어야 하겠습니다.

"길을 떠날 때에 지팡이 외에는 아무것도, 빵도 여행 보따리도 전대에 돈도 가져가지 말라고 명령하시고, 신발은 신되 옷도 두 벌은 껴입지 말라고 이르셨다."(마르 6,8-9) 아멘!

참된 신자는 주일을 꼭 지키는 사람

요즘 날씨가 무척 덥습니다. 농사짓느라고 대단히 수고가 많으시겠습니다. 무엇보다 건강에 유의하셔야 하겠습니다. 오늘 농민 주일을 맞이하여 농민들의 수고와 노고에 감사드립니다.

형제자매 여러분, 어느 수도원에서 수도원장님이 수사 두 분에게 밭에 나가 밀을 베어 거두어들이라는 분부를 내렸습니다. 그래서 수사님 두 분은 밀밭에 나가 낫으로 밀을 베어 단으로 묶어 나갔습니다. 한 수사님은 시간마다 쉬곤 하는데 반면에 다른 수사님은 한 번도 쉬지 않고 계속 일을 했습니다. 그런데 날이 저물었을 때 보니 쉬지 않고 계속 일한 수사님보다 시간마다 쉬어 가면서 일한 수사님이 훨씬 더 많은 밀을 베어 놓은 것입니다. 그래서 쉬지 않고 계속 일했던 수사님이 그 결과에 놀라서 동료 수사에게 물었습니다. "나는 쉬지 않고 일했는데도 틈틈이 쉬어 가며 일한 형제님이 밀을 더 많이 베었습니다. 그 비결을 좀 말해 주십시오. 도대체 그 비결이 무엇입니까?" "그 비결은 별다른 것이 아니라 저는 틈틈이 쉴 때마다 제 낫을 갈았습니다."

형제자매 여러분, 쉰다는 것은 무엇을 의미합니까? 조금 전 예화에서 쉴 때마다 낫을 갈았던 수사님이 밀을 더 많이 베었듯이, 쉰다는 것은 아무것도 하지 않는 것을 말하는 것이 아니라 다음을 준비하는 것을 의미합니다. 오늘 복음에서 예수님께서는 몰려드는 군중 때문에 지친 나머지 제자들에게 제안하십니다. "너희는 따로 외딴곳으로 가서 좀 쉬어라."(마르 6,31) 여기서 예수님께서 말씀하신 "외딴곳으로 가서 쉬어라."라는 뜻은 설악산 계곡이나 해운대 해수욕장 같은 곳에서 잘 먹고 마시며 놀라는 의미가 아니라 하느님 안에서 자기 정체성을 살피라는 뜻입니다. 다음 준비를 위해서 기도하면서 자신을 돌아보라는 것입니다.

형제자매 여러분, 휴식의 뜻이 무엇이겠습니까? 한자로 휴식(休息)을 쓸 때 '쉴 휴', '숨 쉴 식' 자를 씁니다. '쉴 휴'는 사람인변에 나무 목과 합성된 단어입니다. '나무에 기대어 앉아 있는 모양'입니다. '숨 쉴 식'은 '스스로 자'에 '마음 심' 자가 합성된 단어입니다. '스스로 마음을 돌보는 것'을 말합니다. 그러므로 휴식이란, '나무에 기대앉아 자신의 마음을 돌아보고 자신과 대화한다는 의미'가 담겨 있습니다.

형제자매 여러분, 바캉스 계절이 돌아왔습니다. 바캉스 다녀오셔야지요? 흔히 '휴가'를 뜻하는 말로, 외래어인 '바캉스'를 많이 사용하는데, 바캉스(Vacance)라는 말은 프랑스 말입니다. 영어로 Vacation이라고 쓰지만 실제로 이 단어는 발음이 서로 다릅니다. 바캉스라는 말의 어원은 원래 라틴어 '바카띠오(Vacatio)'라는 단어에서 기인하는데, 이것은 '무엇으로부터 자유스러워지는 것'을 말합니다. 이 말이 프랑스 말이 되면서 '휴가'라는 뜻으로 바캉스가 되었다고 합니다.

형제자매 여러분, 그런데 바캉스 간다고 성당에 안 나오시니 어쩌면 좋겠습니까? 바캉스의 원래의 뜻이 '일로부터 자유스러워지는 것'이지, '주일의 의무로부터 자유스러워지는 것'이 아닙니다. 성당은 방학이 없습니다. 우리가 엿새 동안 일하고 주일날은 쉬는데 그 유래가 어디에 있습니까? 그것은 성경 창세기에 나오는 하느님의 창조사업 때문입니다. 창세기 2,1-3을 보면, "이렇게 하늘과 땅과 그 안의 모든 것이 이루어졌다. 하느님께서는 하시던 일을 엿새 날에 다 이루셨다. 그분께서는 하시던 일을 모두 마치시고 이렛날에 쉬셨고, 하느님께서는 이렛날에 복을 내리시고 그날을 거룩하게 하셨다. 하느님께서 창조하여 만드시던 일을 모두 마치시고 그날에 쉬셨기 때문이다."

이렇게 하느님께서는 참으로 인간을 배려하시고 일곱째 날에는 쉬도록 하셨습니다. 이것이 주일날 쉬는 이유입니다. 그런데 한국 사람들은 문제입니다. 참으로 바쁘고 바쁩니다. 무엇이 바쁜지 주일날도 일합니다. 40~50대 젊은이들이 가끔 쓰러집니다. 과로사, 세계에서 1등입니다. 이런 말이 있습니다. "돈을 잃는 것은 작은 것을 잃는 것이고, 명예를 잃는 것은 큰 것을 잃는 것이다. 그러나 건강을 잃는 것은 모든 것을 잃는 것이다." 그렇습니다. 잘못하면 모든 것을 잃을 수도 있습니다. 무더위에 쓰러지지 않도록 건강 유의하십시오.

개신교 신자들은 주일날 일하면 죽는 줄 알고 천주교 신자들은 주일날 쉬면 망하는 줄 압니다. 여러분 생각은 어떻습니까? 요즘 5일제 근무를 하고 있습니다. 그래서 5일 동안은 열심히 일하고, 토요일은 가족을 위해서 열심히 봉사하고, 주일은 주님을 위해서 기쁘게 사용하면 얼마나 좋겠습니까? 그러므로 결론적으로, 주일을 지키는 사람은 신자이고, 주일을 지키지 않는 사람은 무엇이라고 불러야 하겠습니까? 비신자, 신자가 아닐 것입니다. 여러분, 공감하십니까? 참되고 진실한 신자는 주일을 꼭, 반드시 지킬 것입니다. 그러기에 휴가를 가서라도 휴가지에서 가까운 성당을 찾아가 미사에 참여하는 열성을 보여야 하겠습니다. 그렇게 하라고 매일 미사 뒷부분에 '전국 피서지 인근 성당 안내'에 미사 시간까지 나와 있습니다.

오늘 복음 말씀을 보면, 예수님의 인기는 최고 절정에 달했던 것 같습니다. 오고 가는 사람이 너무 많아 음식을 먹을 겨를조차 없었다고 합니다. 그래서 예수님께서는 제자들에게 "따로 외딴곳에 가서 좀 쉬자."라고 하시며 배를 타고 외딴곳으로 떠나가셨습니다. 그런데 웬걸, 군중들은 육로로 달려 먼저 반대편에 다다랐다고 합니다. 그래서 예수님께서는 그들을 보시고 목자 없는 양처럼 가엾은 마음이 드셔서 가르쳐 주셨다고 했습니다. 이런 마음이 바로 예수님의 마음입니다.

형제자매 여러분, 그러므로 우리도 오늘 복음에 나오는 군중들처럼 열성적으로 언제나 주님께 달려가야 하겠습니다. "성당에 나오시오! 나오시오!", "교육받으러 가시오! 가시오!"가 아니라, "단체에 가입하시오! 하시오!"가 아니라, 내가 먼저 달려갈 수 있는 열성적인 신앙인이 되어야 하겠습니다. 휴가철을 맞아 가까운 피서지 인근 성당에라도 스스로 먼저 주님께 기쁘게 달려갈 수 있는 적극적인 신앙인이 되어야 하겠습니다. 풍기성당 신자 여러분, 여러분들은 모두 다 그렇게 할 수 있겠습니까? 믿어도 되겠습니까? 아멘!

오병이어의 기적, 민들레국수집

형제자매 여러분 혹시 '민들레국수집'을 아십니까? 민들레국수집 대표는 서영남(베드로) 형제입니다. 본래 서영남(베드로) 형제는 한국 천주교 순교복자수도회 수사였습니다. 1976년에 입회해서 25년간을 수사 생활을 하다가 2000년 소외되고 가난한 이들과 함께 살기 위해 수도복을 벗었습니다. 환속 후 교도소 출소자 공동체 '겨자씨'를 만들어 출소자들과 지냈고, 2003년 4월 1일에는 '민들레국수집'을 열었습니다. 오늘은 먼저 서영남(베드로) 형제가 쓴 〈2021년 3월 30일, 민들레국수집 열여덟 해를 보내면서〉라는 글을 소개해 드립니다.

2003년 4월 1일에 민들레국수집을 열었습니다. 어느새 만으로 열여덟 해가 흘렀습니다. 민들레국수집을 이토록 오랫동안 할 줄은 꿈에도 몰랐습니다. 그저 조금 하다가 문을 닫을 줄 알았습니다. 왜냐하면, 아무것도 아니었기 때문입니다.

돈이라곤 삼백만 원이 전부였습니다. 다음 달에는 어떻게 될지 알 수 없었습니다. 왜냐면 가진 것도 없고 예산도 없고 또 예산을 확보할 길도 없었기 때문입니다. 그러면서 정부 지원은 받지 않는다. 예산을 확보하기 위한 프로그램은 하지 않는다. 후원회라든가 하는 조직도 만들지 않는다. 부자들이 생색내면서 주는 것은 안 받는다고 다짐했습니다. 피터 모린이 예수님의 가르침을 다시 말씀하신 것처럼 이웃을 돕는 일은 개인의 희생으로 이루어져야 한다는 것을 배웠기 때문입니다.

하루하루가 기적이었습니다. 민들레국수집 문턱에 앉아서 손님을 기다리다가 손님이 오면 그렇게 반가울 수가 없었습니다. 비록 국수 한 그릇 대접할 뿐이었지만 손님들은 국수 한 그릇에 고맙다고 합니다. 달걀 프라이 하나에도 행복해했습니다. 그런데 내일 먹을 쌀이 떨어질 때도 있었고, 내일 끓일 국거리로 콩나물조차 없던 때도 있었습니다. 멀리서 쌀 한 포 어깨에 메고 오는 후원자가 그렇게나 고마울 수 없었습니다. 추운 겨울에는 동태 머리를 얻어서 꽁꽁 언 동태 머릿살을 발라서 국을 끓인 적도 있었습니다. 고맙습니다.

식탁 하나에 간이 의자 여섯 개가 전부인 조그만 민들레국수집에서 오전 열 시부터 오후 다섯 시까지 손님들을 대접했습니다. 줄을 서서 기다리면 꼴찌부터 대접했습니다. 꼴찌부터 대접하면서 놀라운 일이 벌어졌습니다. 손님들이 서로 배려하고 돌봤습니다. 금세 모두 배부르게 되었습니다.

가난한 사람은 작은 것에도 고마워 어쩔 줄 모릅니다. 풋고추 하나, 삶은 계란 하나에도 기뻐합니다. 짜장면 한 그릇에 행복해합니다. 놀랍게도 고마워하면서 삶이 변했습니다. 월 십만 원짜리 작은 방 하나만 있어도 노숙에서 벗어나서 살아나는 기적을 봤습니다. 참으로 많은 분이 도와주십니다. 우리 손님들께 좋은 것을 아낌없이 대접할 수 있어서 참 좋았습니다. 그렇게 십여 년을 보냈습니다.

조그만 민들레국수집은 민들레의 집, 출소자를 위한 겨자씨의 집, 민들레꿈공부방, 민들레꿈어린이밥집, 민들레책들레 그리고 민들레희망센터, 민들레진료소, 민들레옷가게, 어르신 민들레국수집으로 작게 나누었습니다. 그러다가 2011년부터는 필리핀의 가난한 사람들을 위한 장학금을 나누는 조그만 일들을 시작하다가 2014년에는 마닐라 칼로오칸의 라 로마 가톨릭 공동묘지에서 필리핀 민들레국수집을 시작했습니다.

2015년에는 민들레희망센터를 새로 꾸미고, 민들레꿈공부방을 옮겼습니다. 모든 것이 순조롭게 되어서 이제는 제대로 운영할 수 있으려니 했습니다만 안타까운 일이 일어났습니다. 2016년은 민들레국수집이 절체절명의 해였습니다. 어떤 분의 터무니없는 음해로 민들레국수집은 문을 닫아야 할 정도로 힘들었습니다. 결국, 2017년 1월에 필리핀 민들레국수집은 문을 닫을 수밖에 없었습니다. 앞이 캄캄했습니다. 처음처럼 다시 시작하는 수밖에는 없었습니다.

가난한 사람은 아주 조금만 있어도 살 수 있습니다. 겨우겨우 우리 손님들 대접을 하면서 필리핀에도 아주 작은 곳이지만 두 곳에서 민들레국수집을 다시 시작했습니다.

2019년 3월에는 제 나이 만 65세가 되었습니다. 기초노령연금을 받게 되었다고 가족에게 이야기했더니 축하의 박수를 칩니다. 민들레국수집 살림 형편도 조금씩 나아지는 것 같았습니다. 우리 손님들에게 되도록 고기반찬을 좀 더 해드리자 마음먹었습니다. 2020년에는 코로나19 바이러스가 덮쳤습니다. 우리 손님을 대접할 길이 없어졌습니다. 그래서 코로나19가 끝날 때까지는 도시락을 드리면서 노숙 손님들의 버팀목이 되려고 발버둥을 쳤습니다. 도시락 꾸러미를 챙겨 드리고 계절이 바뀌면 필요한 옷을 나눴습니다. 놀랍게도 지금껏 우리 손님들께 마스크도 매일 나눌 수 있었습니다. 겨울이 다가오는데 도시락 외에는 다른 방법을 찾지 못하다가 포장마차를 생각해 냈습니다. 손님들을 실내에 맞이하지 못하면 우리 손님들처럼 실외에서 대접하면 되겠다 싶었습니다. 도시락 꾸러미를 나누고 천막을 치고 그곳에서는 어묵을 대접하고 뜨거운 국물로 추위를 녹였습니다. 컵밥까지 대접할 수 있었습니다.

지난 열여덟 해 동안 가난한 사람들 곁에서 참 재미있게 살았습니다.

앞으로도 재미있게 살고 싶습니다. 사마리아 사람이 강도당한 사람의 이웃이 되어 준 것처럼 말입니다.

"너희가 내 형제들인 이 가장 작은 이들 가운데 한 사람에게 해 준 것이 바로 나에게 해 준 것이다."(마태 25,40)

형제자매 여러분, 어떻게 보면 '민들레국수집'이 지금까지 운영되어 온 것은 '오병이어'의 기적입니다. '오병이어' 무슨 말인지 아시지요? '오병이어'란 오늘 복음에 나오는 보리빵 5개와 물고기 2마리로 예수님께서 오천 명을 배불리 먹이신 기적을 말합니다. 이것을 한자로 표현하니 '오병이어'입니다.

많은 사람이 예수님의 말씀을 들으려고 무작정 모여들었습니다. 때는 되었지만 먹을 것은 아무것도 없었습니다. 걱정하던 중 어떤 아이가 가져온 자신의 도시락을 내어놓았습니다. 장정만도 오천 명이 넘는데, "저렇게 많은 사람에게 이것이 무슨 소용이 있겠습니까?"(요한 6,8) 그러나 예수님께서는 자리 잡아 앉도록 했습니다. 보리빵 5개를 들고 축복하신 다음 나누어 주라고 했습니다. 또 같은 모양으로 물고기 두 마리도 축복하신 다음 나누어 주라고 했습니다. 그런데, 수많은 사람이 배불리 먹고도 남은 빵을 모았더니 열두 광주리에 가득 찼다는 것입니다. 사람들은 이 기적을 보고 놀라워하며 "이분은 정말 세상에 오시기로 되어 있는 그 예언자시다."(요한 6,14)라고 하면서 예수님을 임금으로 모시려고 합니다.

형제자매 여러분, 이 오병이어의 기적이 일어난 것은 어떤 아이가 자신이 싸 온 도시락을 혼자 먹지 않고 내어놓았기 때문입니다. 말라빠진 빵과 생선 두 마리, 정말 하잘것없습니다. 이와 마찬가지로 민들레국수집이 운영되어 온 것도 보잘것없는 작은 도움의 손길이 하루하루가 기적처럼 일어나고 있기 때문입니다. "민들레국수집이 아직 문 닫지 않았습니까?"라고 묻는 사람들에게 아직도 '오병이어'의 기적이 일어나고 있기 때문이라고 말씀드리고 싶습니다. 형제자매 여러분, 하잘것없지만 남을 위해 내어놓으십시오. 그리고 모든 것을 주님께 맡기십시오. 아멘.

나를 살리신 예수님의 흔적, 생명의 빵

영국 런던에 조지프라는 아이가 살고 있었습니다. 동네 아이들은 그를 놀려 댔습니다. 사실 조지프는 잘생긴 아이였습니다. 그러나 그 어머니의 얼굴이 흉측하게 일그러져 그렇게 놀려 댔던 것입니다. 조지프는 동네 아이들에게 왕따를 당하는 것이 싫어 집에 돌아와 어머니에게 울분을 터뜨렸습니다. "엄마! 왜 엄마는 얼굴이 그렇게 일그러진 거예요? 친구들이 너무 놀려 대요!" 어머니는 한동안 생각에 잠겼다가 결심한 듯 장롱 속에서 사진 한 장을 꺼내 보여 주었습니다. 아들은 "이게 누구예요?" 하고 물었습니다. 그러자 어머니는 "나의 젊은 시절 모습이란다." 하고 대답했습니다. 그 사진 속에는 젊고 예쁜 어머니 모습이 있었습니다. 깜짝 놀란 아들은 "엄마! 아니, 이렇게 예뻤던 엄마 얼굴이 왜 지금 이렇게 되신 거예요?" 하고 다시 물었습니다.

그러자 어머니는 조용히 대답했습니다. "네가 돌이 막 지났을 때 너를 집에 뉘어 놓고 장을 보러 마트에 갔단다. 장을 보고 돌아오는데 집에 불이 났더구나. 불이 이미 많이 번졌지만, 엄마는 너를 구하기 위해 그 뜨거운 불 속으로 뛰어들었단다. 간신히 울고 있는 너를 찾아 엄마가 너를 두꺼운 옷으로 감싸 안고 그 불 속에서 빠져나왔단다. 그래서 너는 죽지 않고 화상도 입지 않고 지금처럼 잘생긴 엄마의 아들로 커 가고 있단다."

이 이야기를 들은 아들은 자기를 불 속에서 구하려다 화상을 입어 엄마 얼굴이 일그러졌음을 깨닫고 뜨거운 감사의 눈물을 흘리지 않을 수 없었습니다. 아들은 그 후로 무한한 사랑과 희생의 증거인 엄마의 일그러진 상처를 동네 사람들과 아이들에게 자랑하게 되었습니다. 이 상처는 곧 나를 살린 생명의 상처이자 사랑과 영광의 흔적이기 때문입니다.

형제자매 여러분, 우리 예수님께서 비천한 인간의 몸으로 이 땅에 오신 목적이 무엇이겠습니까? 그것은 무엇보다도 인간을 구원하시기 위해서입니다. 죄의 형벌에서 우리를 구원하시기 위해 아무런 죄도 없으신 그분께서 스스로 십자가를 지시고 십자가에 못 박혀 돌아가시는 희생의 제사를 통해서 우리 죄를, 속죄하기 위해서입니다. 더 나아가 주님께서는 성체성사 안에 현존해 계시면서 "너희는 모두 이것을 받아먹어라. 이는 너희를 위하여 내어 줄 내 몸이다." 하시면서 우리 모두를 살리는 생명의 빵이 되셨습니다. 곧 주님께서 머리에 쓰신 가시관, 그리고 십자가에 못 박힌 양손과 양발의 흔적들, 그리고 옆구리에 뻥 뚫린 창 자국은 나를 살리신 흔적들입니다. 이 흔적들은 곧 나를, 우리 모두를 살리신 생명의 상처이자 사랑과 영광의 흔적입니다.

그러므로 우리도 조지프라는 아들이 자기를 살리기 위해 불 속에 뛰어들어 화상으로 일그러진 어머니를 자랑했듯이 이 사랑과 영광의 주님의 흔적을 부끄러워할 것이 아니라 자랑해야 하겠습니다. 이 사랑과 영광의 흔적들은 오늘 복음에서 말씀하시듯이 "내가 생명의 빵이다. 나에게 오는 사람은 결코 배고프지 않을 것이며, 나를 믿는 사람은 결코 목마르지 않을 것이다."(요한 6,34)라는 말씀대로 우리 만민을 먹여 살리기 위한 생명의 빵이 되시기 위해서였습니다. 그러므로 우리는 주님께 감사해야 합니다. 그러므로 우리는 속죄해야 합니다. 예화의 조지프라는 어린이처럼 자기 자신을 살리려다 화상으로 일그러진 어머니 얼굴을 부끄러워했듯이 우리도 침 뱉음을 당하시고 가시관을 쓰셔서 피투성이가 되시고 채찍질까지 당하셨으니 몸꼴이 말이 아니신, 게다가 그 무거운 십자가를 지시고 십자가에 못 박히시는 고통을 당하신 주님을 부끄러워했습니다. 우리를 살리시기 위해 성체성사 안에 현존해 계시면서 생명의 빵이 되셨는데도 말입니다. 조지프라는 어린이와 그 어머니, 우리와 예수님은 하나도 다를 바가 없습니다. 이 일그러진 얼굴의 상처와 몸의 흔적들은 나를 위한 영광의 상처이자 사랑의 흔적입니다. 더 나아가 내 생명의 은인임을 증명하는 증거물입니다.

그러므로 형제자매 여러분, 우리는 어떻게 해야 하겠습니까? 생명의 빵이요, 은인이신 우리 주님께 무조건 감사해야 하겠습니다. 무조건 우리 주님을 사랑해야 하겠습니다. 생명의 빵이신 주님께 감사와 사랑으로 응답해야 하겠습니다.

"내가 생명의 빵이다. 나에게 오는 사람은 결코 배고프지 않을 것이며, 나를 믿는 사람은 결코 목마르지 않을 것이다."(요한 6,34) 아멘!

눈물 젖은 빵과 생명의 빵

괴테는 "눈물 젖은 빵을 먹어 보지 않은 사람은 인생의 참다운 의미를 모른다."라는 명언을 남겼습니다. 눈물 젖은 빵이란? 가난이나 고통을 의미합니다. 사람이 살아가면서 항상 평탄할 때가 있는 것만이 아닙니다. 고난이나 어려움이 즐거울 때보다 더 많을 수도 있습니다. '눈물 젖은 빵' 하면 떠오르는 사람이 있습니다. 누구이겠습니까? 그분은 바로 프랑스 소설가 빅토르 위고의 작품, 《레 미제라블(Les Miserables)》의 주인공인 장발장입니다. 굶주린 일곱 조카를 위해 빵 한 조각을 훔친 죄로 19년 동안 감옥살이를 한 가난한 청년의 기구한 운명은, 사람들의 심금을 울렸습니다. 가수 고영준 씨가 부른 〈눈물 젖은 빵〉이란 노래가 장발장을 잘 대변해 줍니다.

눈물에 젖은 빵을 먹어 보지 않고서
어찌 인생을 논할 수 있니
쓰라린 사연 하나 가슴에 없으면서
어찌 인생을 안다 하겠니
산다는 게 그렇게 만만하지가 않아
만만하다면 그것 또한 재미없는 거잖아
진흙탕 속에도 뒹굴어 보고
가시밭길도 걸어 봐야지

형제자매 여러분, '눈물 빵', '눈물 젖은 빵'을 먹어 보셨습니까? "가난과 고통 속에서 살기 위해서 눈물을 삼키며 먹어야만 했던 그 빵, 너무나 절실했습니다. 먹고 싶어 침이 꿀꺽꿀꺽 넘어갑니다. 너무나 간절했습니다. 너무나 달고 맛있었습니다. 더 먹고 싶어 입맛을 자꾸 다십니다. 주님, 그 빵을 제게 주십시오. 조금만 더 주십시오."라는 간절한 기도가 터져 나오듯 말입니다.

형제자매 여러분, 이처럼 여러분은 진정 생명의 빵을 갈망하고 계십니까? 오늘 복음에서 예수님께서는 "나는 생명의 빵이다. 너희 조상들은 광야에서 만나를 먹고도 죽었다. 그러나 이 빵은 하늘에서 내려오는 것으로, 이 빵을 먹는 사람은 죽지 않는다. 나는 하늘에서 내려온 살아 있는 빵이다. 누구든지 이 빵을 먹으면 영원히 살 것이다. 내가 줄 빵은 세상에 생명을 주는 나의 살이다."(요한 6,48-51)

형제자매 여러분, 어느 누가 영원히 살 수 있는 이런 생명의 빵을 원하지 않겠습니까? 형제자매 여러분, 이 생명의 빵이란 도대체 무엇이겠습니까? 이 생명의 빵은 성체입니다. "너희는 모두 이것을 받아먹어라. 이는 너희를 위하여 내어 줄 내 몸이다." 즉, 최후의 만찬을 통해서 제정해 주신 성체성사를 말합니다.

형제자매 여러분, 성체를 통해서 우리에게 오시는 주님을 받아 모시기 위해서 눈물의 빵을 먹을 때처럼, 간절함이 있습니까? 눈물의 빵을 먹을 때처럼 주님께 대한 사랑이 있습니까? 이 주님께 대한 애틋함과 사랑이 있어야 합니다. 또한, 이 빵을 먹기 위해서 준비가 선행되어야 합니다. 곧 몸과 마음을 정화해야 하겠습니다. 무엇보다도 고해성사를 통해서 죄를 말끔히 씻고 깨끗한 마음을 준비해야 하겠습니다. 그리고 제사를 지내기 위해서 목욕재계하듯 몸단장도 해야 하겠습니다. 옛날에는 공심재를 지키기 위해서 전날부터 준비했습니다. 주님을 모시기 위해서 음식은 먹지 않고 배를 비웠습니다. 요즘에는 1시간 전부터 지키면 되는데, 물과 약은 허용됩니다. 최소한 주님인 성체를 모시기 위해서 예를 갖추는 시간입니다. 이런 시간을 통해서 주님이 내게 오심을 간절히 열망하면서 그분을 기다려야 하겠습니다. 아울러 주님께 나가기 위해서 옷도 갖추어 입는다면 금상첨화일 것입니다.

형제자매 여러분, 이렇게 준비된 몸과 마음으로 그분을 모셨다면, 주님께 한없는 감사를 드려야 하겠습니다. 한없는 사랑과 존경을 드려야 하겠습니다. 우리에게 영원한 생명을 주셨으니 이보다 감사하고 사랑해야 할 일이 무엇이 있겠습니까? 주님의 몸인 성체를 모셨기 때문에 바오로 사도의 말씀처럼 "이제는 내가 사는 것이 아니라 그리스도께서 내 안에 사시는 것"(갈라 2,20)이기 때문에 여러분은 자부심과 용기를 갖고 사랑의 정신으로 온몸으로 주님 사랑을 실천하고 증언하는 삶을 살아야 하겠습니다.

> "나는 하늘에서 내려온 살아 있는 빵이다. 누구든지 이 빵을 먹으면 영원히 살 것이다. 내가 줄 빵은 세상에 생명을 주는 나의 살이다."(요한 6,48-51) 아멘!

영혼 건강십훈(健康十訓)

"돈을 잃으면 조금 잃는 것이고, 명예를 잃으면 많이 잃는 것이고, 건강을 잃으면 다 잃는 것이다."라는 격언이 있습니다. 건강이 무엇보다 중요하다는 얘기입니다. 건강의 중요함을 강조한 것은 비단 현대의 일만은 아닙니다. 조선 중기의 유학자이자 정치가인 율곡 이이는 건강을 위한 열 가지 가르침을 남겼습니다. 건강하게 살기 위해 우리가 지켜야 할 것은 무엇이 있겠습니까? 오늘은 율곡 이이의 '건강십훈(健康十訓)'을 소개하겠습니다.

1. **소식다작**(小食多嚼): 음식을 적게 먹고, 많이 씹어라.
2. **소육다채**(小肉多菜): 고기를 적게 먹고, 채소를 많이 먹어라.
3. **소염다초**(小鹽多醋): 소금은 적게 먹고, 식초는 많이 먹어라.
4. **소당다과**(小糖多果): 단것을 적게 먹고, 과일은 많이 먹어라.
5. **소차다보**(小車多步): 차를 적게 타고, 많이 걸어라.
6. **소의다욕**(小依多浴): 옷은 적게 입고, 자주 목욕하라.
7. **소언다행**(小言多行): 말을 적게 하고, 많이 움직여라.
8. **소분다소**(小憤多笑): 화를 적게 내고, 많이 웃어라.
9. **소욕다시**(小慾多施): 욕심은 적게 내고, 많이 베풀어라.
10. **소빈다면**(小煩多眠): 고민은 적게 하고, 잠은 충분히 자라.

율곡 이이의 '건강십훈'은 너무나도 종교적인 면을 많이 포함하고 있습니다. 그 예를 들면 다음과 같습니다.

1. 소식다작(小食多嚼): 음식을 적게 먹고, 많이 씹어라.

육신의 건강을 위해서 이렇게 해야 한다면, 그러면 영혼의 건강을 위해서는 어떻게 해야 하겠습니까? 역시 영혼의 음식을 먹어야겠지요. 그 영혼의 음식은 성경 말씀입니다. 성경 봉독을 천천히 하면서 말씀의 진미를 새기며 성경 말씀을 씹어 먹어야 합니다. 성경을 읽으면서 필사한다면 더욱 좋습니다. 하느님께서 에제키엘 예언자를 부르실 때 "사람의 아들아, 네가 보는 것을 받아먹어라. 이 두루마리를 먹고, 가서 이스라엘 집안에게 말하여라. 그래서 내가 입을 벌리자 그분께서 그 두루마리를 입에 넣어 주시며, 나에게 말씀하셨다. '사람의 아들아, 내가 너에게 주는 이 두루마리로 배를 불리고 속을 채워라.' 그리하여 내가 그것을 받아먹으니 꿀처럼 입에 달았다."(에제 3,1-3) 이렇게 성경 말씀을 씹어 먹음으로써 성경 말씀이 내 영혼의 양식, 살과 피가 되도록 말입니다. 매일 조금씩 성경 말씀을 음미하면서 묵상하고 기도하면 영혼은 춤추며 행복해할 것입니다.

2. 소육다채(小肉多菜): 고기를 적게 먹고, 채소를 많이 먹어라.

5. 소차다보(小車多步): 차를 적게 타고, 많이 걸어라.

7. 소언다행(小言多行): 말을 적게 하고, 많이 움직여라.

8. 소분다소(小憤多笑): 화를 적게 내고, 많이 웃어라.

위의 이러한 4가지는 종교에서 말하는 자기 절제와 희생을 통해서 <u>스스로</u> 실천해야 할 것들을 말합니다.

6. 소의다욕(小依多浴): 옷은 적게 입고, 자주 목욕하라.

'소의다욕' 같으면 육신을 위해서 청결하게 목욕을 자주 하는 것은 건강과 피로 회복에 아주 좋지만, 영혼을 위해서도 목욕을 자주 해야 할 것입니다. 이 영혼의 목욕은 무엇이겠습니까? 이 영혼의 목욕은 고해성사입니다. 고해성사로 죄를 말끔히 자주 씻어야 하겠습니다.

9. 소욕다시(小慾多施): 욕심은 적게 내고, 많이 베풀어라.

건강의 적은 지나친 욕심입니다. 이 지나친 욕심이 언제나 화를 불러옵니다. 그러기에 우리는 지나친 욕심을 버리고 '오른손이 하는 일을 왼손이 모르게' 자선을 많이 해야 하겠습니다. 이 자선은 남에게는 물론 자기 자신에게도 기쁨으로 돌아오기 때문에 이것을 '헬퍼스 하이(Helper's high)'라고 합니다. '헬퍼스 하이' 아시지요? 가족이나 가까운 친구가 아닌 다른 사람에게 대가 없이 봉사나 자선을 할 때 엔도르핀이 분출되면서 느끼는 심리적 포만감을 '헬퍼스 하이'라고 합니다. 이 현상은 몇 주 동안 지속되면서 혈압과 콜레스테롤 수치를 낮추고 엔도르핀의 분비를 활성화한다고 합니다. 이렇게 남에게 선행과 도움을 베푸는 봉사는 결국, 자신을 돌보는 행복 찾기입니다. 이렇게 건강도 챙기고 하늘에 보화를 쌓으니 얼마나 좋습니까? 이것을 일거양득이라고 합니다. 꿩 먹고 알 먹고, 도랑 치고 가재 잡고, 얼마나 좋습니까?

형제자매 여러분, 이렇게 누구나 건강하게 오래 살기를 원합니다. 그래서 사람들은 건강에 좋고 장수할 수 있는 것을 구해서 먹으려고 부단히 노력하고 있습니다. 그것이 도대체 무엇이겠습니까? 장수할 수 있는, 영원히 살 수 있게 하는 그것이 도대체 무엇이겠습니까? 그것을 여러분에게 소개해 드리겠습니다.

그것은 오늘 복음 말씀을 보면, 알 수 있습니다. "내 살을 먹고 내 피를 마시는 사람은 영원한 생명을 얻고, 나도 마지막 날에 그를 다시 살릴 것이다. 내 살은 참된 양식이고 내 피는 참된 음료다."(요한 6,54) 바로 이 말씀입니다.

형제자매 여러분, 이 참된 음식과 음료는 무엇이겠습니까? 이 참된 음식과 음료는 바로 성체입니다. 성체성사는 신비의 성사입니다. "내 살을 먹고 내 피를 마시는 사람은 내 안에 머무르고, 나도 그 사람 안에 머무른다."(요한 6,56)라는 말씀대로 성체 안에 예수님께서 현존해 계시면서 우리에게 오십니다. 그러므로 우리는 자주 미사에 참여하여 성체를 자주 모심으로써 예수님과 만남을 통해서 영혼에 음식을 공급하도록 해야 하겠습니다.

항상 우리에게 오신 주님께 감사드리면서 미사의 은혜 속에 살아가는 행복한 신앙인이 되어야 하겠습니다. 그러기 위해선 주일미사는 물론 평일미사에도 자주 참여해야 하겠습니다. 더 나아가 성체 안에 현존해 계시는 주님께 문안을 드리고 감사드리는 성체조배도 자주 해야 하겠습니다.

육체의 건강을 위해서 건강십훈이 있듯이 우리의 영혼의 건강을 위해서도 영혼 건강십훈도 만들어 스스로 실천하면 좋겠습니다. 곧 육체의 건강을 위해 투자하듯 이제 영혼을 돌볼 시간을 스스로 만들어야 하겠습니다. 예를 들면, 육체 건강을 위해서 운동을 하거나 항상 비타민이나 영양제, 보신제를 챙겨 먹듯, 영혼을 위해서도 비타민이나 영양제, 보신제 같은 것을 챙겨 먹어야 하지 않겠습니까? 바로 영혼의 비타민, 영양제, 보신제는 성경 말씀입니다. 그래서 성경 말씀을 열심히 읽고 쓰고 묵상하면서 말씀의 진미를 깨닫기 위해서 성경을 통독하면서 필사하는 것입니다. 다음은 영혼의 양식인 미사성제에 자주 참여하여 성체를 받아 모시는 것입니다. 그리고 성체조배, 묵주의 기도 등등을 들 수 있습니다. 바로 이러한 것들이 영혼의 비타민, 영양제입니다.

형제자매 여러분, 여러분들은 이러한 영혼의 영양제, 비타민을 제대로 공급하고 있습니까? 여러분의 영혼이 항상 배고픔에 시달리면서 영양부족 때문에 고통을 당하고 있지는 않습니까? 이런 것을 해결하기 위한 영혼의 최고의 음식과 영양제를 공급해야 하겠습니다. 그것은 바로 가톨릭의 참제사인 미사입니다. 그러므로 미사에 자주 참여해야 하겠습니다.

"내 살을 먹고 내 피를 마시는 사람은 영원한 생명을 얻고, 나도 마지막 날에 그를 다시 살릴 것이다. 내 살은 참된 양식이고 내 피는 참된 음료다."(요한 6,54) 아멘!

팔이 없는 나를 아직도 사랑하느냐?

장래가 촉망되는 한 청년이 육군 소위로 임관하여 전방에 배치되어 근무하고 있었습니다. 그러던 어느 날 훈련 도중 사병의 실수로 수류탄 사고를 당해 한쪽 팔을 잃게 되었습니다. 그래서 오랫동안 병원에 입원해 있었는데 여자 친구가 이 소식을 전해 듣고 병원으로 달려왔습니다. 대학에 다닐 때부터 사귀어 왔던 애인이었습니다. 그는 여자 친구에게 꼭 확인해 보고 싶은 것이 있었습니다. 몇 번이고 망설이고 기회를 엿보다가 여자 친구에게 용기를 내어 물었습니다. "팔이 없는 나를 지금도 좋아하느냐? 팔이 없는 나를 아직도 사랑하느냐?"라고 떨리는 가슴을 억제하면서 물었습니다. 반신반의하면서 하는 질문에 여자 친구는 다음과 같이 대답했습니다. "나는 너의 팔을 좋아한 것이 아니고 너를 좋아했기 때문에, 팔이 있고 없고는 상관없다."라고 했습니다. 얼마나 감동적인 말입니까? 이 말을 들었을 때 그는 정말 천지를 다시 얻은 것 같은 기분이었다고 합니다.

여자 친구는 그때부터 병원 근방에 방을 얻어 놓고 병원에 드나들면서 지극 정성으로 그를 간호했습니다. 그러나 여자 친구의 아버지는 다른 생각을 했습니다. 평생을 한쪽 팔이 없는 사람의 팔이 되어야 하는 딸이 마음에 걸렸던 것입니다. 그래서 아버지는 자기 딸에게 그 남자를 포기하고 새 길을 찾을 것을 권유하였습니다. 그랬더니 그 딸은 아버지에게 이런 질문을 했습니다.

"아버지, 결코 그런 일이 있어서는 안 되겠지만, 만약에 아버지가 사고로 한쪽 팔을 잃으신다면 엄마가 아버지를 떠나는 것이 옳다고 생각하세요?" 그 말에 아버지는 할 말을 잃고 딸의 뜻을 거역할 수 없어서 그 남자와 사귀는 것을 허락하게 되었습니다.

그 뒤 그는 제대하여 한쪽 팔이 없는 것만큼, 더 열심히 분발하면서 노력을 했습니다. 그래서 린스와 샴푸를 합친 효과를 내는 '하나로'를 개발하고, 20세부터 80세까지 사용할 수 있는 2080 치약을 개발하고, 더 나아가 영상통화를 가능하게 한 SHOW를 개발하는 등의 업적을 세워 SHOW의 부사장이 되었습니다. 이것은 조서환 전 KTF 부사장, 전 애경산업 이사의 이야기입니다.[8]

형제자매 여러분, 정말로 가슴 뭉클한 이야기입니다. 이 실화는 "다른 사람에게 해당하는 것이 아니라, 바로 나에게 해당이 된다."라는 것을 우리는 오늘 독서와 복음을 통해서 확인할 수 있습니다. 만약에 이런 상황이 나에게 닥친다면 여러분은 어떻게 하겠습니까? 여러분 스스로 선택하고 결정해야 할 것입니다.

오늘 제1독서를 보면, 여호수아는 가나안 정복을 끝낸 다음, 12지파를 모두 시켐에 모이게 한 다음, 이스라엘의 원로들, 우두머리들, 판관, 관리들을 불러 내세우고 말했습니다. "만일 주님을 섬기는 것이 너희 눈에 거슬리면, 너희 조상들이 강 건너편에서 섬기던 신들이든, 아니면 너희가 살고 있는 이 땅 아모리족의 신들이든, 누구를 섬길 것인지 오늘 선택하여라. 나와 내 집안은 주님을 섬기겠다."(여호 24,15)

그러자 백성들은 "다른 신들을 섬기려고 주님을 저버리는 일은 결코 우리에게 없을 것입니다."(여호 24,16) 그러므로 "우리도 주님을 섬기겠

---

8) https://story.kakao.com/_AFLum6/GN1OMklvzbA

습니다. 그분만이 우리의 하느님이십니다."(여호 24,18) 이렇게 백성들은 스스로 선택하는 결단을 내렸습니다. 곧 신앙은 선택이고 결단입니다. 오늘 화답송처럼 '주님이 얼마나 좋으신지 너희는 맛보고 깨달아야' 하겠습니다.

역시 오늘 복음 말씀을 보면, 빵의 기적을 보고 많은 사람이 예수님을 따랐습니다. "내 살을 먹고 내 피를 마시지 않으면 영원한 생명에 참여할 수 없다. 내 살은 참된 양식이고 내 피는 참된 음료다." "어떻게 '살을 먹어라.'라고 내줄 수 있는가?" "이렇게 어려워서 알아들을 수 있는가?" 투덜대며 추종자들은 많이 떠나갔습니다. 그들은 오늘날 성체성사를 이해하지 못했습니다.

그래서 예수님께서 제자들에게 "너희도 떠나고 싶으냐?"(요한 6,67) 하고 맘대로 하라고 말씀하셨습니다. 그때 시몬 베드로가 "주님, 저희가 누구에게 가겠습니까? 주님께는 영원한 생명의 말씀이 있습니다. 스승님께서는 하느님의 거룩하신 분이라고 저희는 믿어 왔고 또 그렇게 알고 있습니다."(요한 6,68)라는 훌륭한 신앙고백을 합니다. 이것은 베드로의 신앙고백이자 선택입니다.

형제자매 여러분, 사랑하는 여인에게 "팔이 없는 나를 지금도 좋아하느냐? 팔이 없는 나를 아직도 사랑하느냐?"라는 질문은 그렇지 않으면, 떠나도 좋다는 질문입니다. 오늘도 주님께서 우리에게 묻습니다. 여호수아가 백성들에게 "나를 떠나 다른 신을 섬기겠느냐?"라는 같은 질문을 하십니다. 또한, 예수님께서 제자들에게 "너희도 떠나고 싶으냐?"라는 같은 맥락의 질문을 하십니다. 이 질문들은 연인과 백성, 제자들에게 하는 질문이 아니고 바로 나에게 하시는 질문입니다.

형제자매 여러분, 예화의 여자 친구는 어떻게 대답했습니까? "나는 너의 팔을 좋아한 것이 아니라 너를 좋아했기 때문에, 팔이 있고 없고는 상관없다." 참으로 멋진 대답입니다. 아마 여러분 같으면 "내가 왜 팔 병신하고 살아?"라고 하면서 당장에 고무신을 바꿔 신었을 것입니다. 우리는 조금만 나에게 우환이 닥치고 어려움과 시련이 닥치면 신앙이 흔들려 냉담합니다. 심지어는 점쟁이를 찾아갑니다. 우리는 여호수아의 백성들처럼, "다른 신들을 섬기려고 주님을 저버리는 일은 결코 우리에게 없을 것입니다."(여호 24,16) 그러므로 "우리도 주님을 섬기겠습니다. 그분만이 우리의 하느님이십니다."(여호 24,18) 바로 이런 신앙고백을 통해서 어떤 시련과 어려움을 당하더라도 굳건하게 신앙생활을 해야 할 것입니다.

또한, 예수님께서 제자들에게 한 "너희도 떠나고 싶으냐?"라는 질문에 베드로가 어떻게 대답을 했습니까? "주님, 저희가 누구에게 가겠습니까? 주님께는 영원한 생명의 말씀이 있습니다. 스승님께서는 하느님의 거룩하신 분이라고 저희는 믿어 왔고 또 그렇게 알고 있습니다."(요한 6,68) 베드로는 정말 훌륭한 신앙고백을 했습니다. 바로 베드로의 신앙고백은 나의 신앙고백이 되어야 하겠습니다. 그러므로 형제자매 여러분, 우리는 어떠한 상황 속에서도 당신만을 믿고 바라고 사랑하겠다고 약속해야 하겠습니다.

주님, 당신만 믿겠습니다!
주님, 당신만 바라보며 살겠습니다!
주님, 당신만 사랑하겠습니다! 아멘!

마중물 같은 사람

옛날에는 수돗물이 없어서 집집마다 지하수를 퍼 올리는 펌프가 있었습니다. 그런데 지하에 있는 물을, 끌어 올리기 위해서는 펌프 안에 물을 한 바가지 정도 퍼부어 놓고 열심히 펌프질을 하면 그 압력에 의해 지하에 있던 물이 콸콸 쏟아져 나옵니다. 형제자매 여러분, 지하에 있는 물을, 끌어 올리기 위해서 펌프 안에 붓는 한 바가지의 물을 무엇이라고 합니까? '마중물(Priming water, Calling water)'이라고 합니다. 여러분, 마중물은 단지 한 바가지 정도의 적은 양의 물이지만 일단 물을 붓고 나면 땅속 깊은 곳에 있는 샘물을 올리는 힘을 가지고 있습니다. 그러므로 이 마중물은 대단히 중요합니다. 대단하진 않다고 하더라도 물 한 바가지의 마중물과 같은 사람이 되었으면 하는 마음이 간절합니다.

그런데 오늘 복음 말씀을 보면, 특히 바리사이들과 율법학자들은 전통적으로 이런 음식을 먹으면 부정을 탄다고 생각했습니다. 그중에 한 가지가 돼지고기입니다. 그들은 하느님의 계명을 버리고 전통을 지킨다고 하면서 스스로 마중물이 되기를 포기합니다. 그래서 예수님께서는 폭탄적인 선언을 하십니다. "사람 밖에서 몸 안으로 들어가 그를 더럽힐 수 있는 것은 하나도 없다. 오히려 사람에게서 나오는 것이 그를 더럽힌다."(마르 7,15)라고 말씀하십니다. 곧 마음 씀씀이가 중요하다는 것입니다.

사막을 걷던 한 사람이 샘물을 발견했는데 그곳에 펌프가 있었습니다. 펌프 옆에는 마중물 한 바가지가 있고 그 옆에 안내판이 있었습니다. "이 마중물을 펌프에 붓고 물을 퍼 올리십시오. 마신 후에는 뒷사람을 위하여 마중물 한 바가지를 꼭 떠 놓으십시오." 누군가가 떠 놓은 마중물을 펌프에 붓고 열심히 펌프를 젓자 샘물이 콸콸 흘러나왔습니다. 이 사람은 마음껏 물을 먹고 난 다음, 다른 사람을 위하여 다시 마중물을 떠 놓고 길로 떠났습니다.

　이렇게 남을 배려하는 마중물이 되면 얼마나 좋겠습니까? 목마른 사람, 희망을 잃은 사람, 살기가 힘든 사람들에게 마중물과 같은 중요한 역할을 하도록 우리는 부르심을 받고 있습니다. 그런데 심지어 어떤 사람은 다음 사람을 위한 마중물 바가지를 깨뜨리는 사람들이 있습니다. 소위 성경에 나오는 바리사이와 율법학자들 같은 사람들입니다. 그리고 시기하고 질투하는 사람, 남을 험담하고 이간질하는 사람, 나쁜 생각이나 나쁜 심보를 가지고 있는 사람들은 악한 것들이 안에서 나와 오히려 사람을 더럽힌다는 예수님의 말씀을 확증하고 있습니다. 《명심보감》에 "말 한마디를 잘하는 것이 천금을 가진 것보다 도움이 될 수 있고, 한번 행동을 잘못하면 독사에게 물린 것보다 더 지독할 수 있다."라고 했습니다. 위로하는 그 한마디, 칭찬하는 그 말 한마디가 죽을 사람도 살리는 마중물이 될 수 있다는 것입니다. 세상을 바꾸는 데는 엄청나고 거대한 무엇이 필요한 것이 아닙니다. 우리 스스로가 작은 한 바가지의 마중물이 되면 됩니다. 보리빵 다섯 개와 물고기 두 마리를 가지고도 오천 명 이상의 사람들이 먹고도 남을 수 있었던 것은 한 아이가 싸서 가지고 온 자신의 도시락을 예수님 앞에 마중물로 내어놓았기 때문입니다.

형제자매 여러분, 한 알의 밀알처럼 한 바가지의 마중물 같은 중요한 사람이 되시기 바랍니다. 이 마중물 같은 사람이 많으면 많을수록 풍기성당은 발전할 것입니다. 위로의 마중물이나 칭찬의 마중물 한두 바가지를 언제나 내 이웃과 형제자매들에게 기쁜 마음으로, 부어 줍시다. 진정한 위로의 말 한마디가 마중물이 되어 내 이웃의 상처를 치유하고 희망의 샘물을 솟아나게 할 것입니다. 더 나아가 칭찬의 마중물을 통하여 기쁨 넘치는 교회, 사회가 될 것입니다.

형제자매 여러분, 〈아무리 사랑해도 부족한 시간들〉이라는 용혜원 씨의 시를 소개해 드립니다.(부분 발췌)

하루해가 기울어 갈 때면
사랑할 시간이 또 하루 줄어든 것입니다.

아직 우리에게 남아 있는 시간들은
사랑만 해도 짧습니다.

지금이 사랑할 시간입니다.
나중은 아직 알 수가 없기 때문입니다.
우리들의 삶 속에 하루하루
모두가 사랑해야 할 시간입니다.

그렇습니다. 형제자매 여러분, 지금이 사랑할 시간입니다. 그런데 헐뜯고 비난하고 험담하면서 세월을 보내야 하겠습니까? 사랑만 해도 짧은데 용서와 화해로 사랑의 마중물을 퍼부어야 하겠습니다. 바로 예수님께서는 십자가에 당신을 못 박는 사람들에게 "아버지 저들을 용서해 주십시오. 저들은 자기들이 무슨 일을 하는지 모릅니다."(루카 23,34)라고 하시며 사랑의 마중물이 되셨습니다. 그러므로 항상 고마운 마음으로 감사하는 마음으로 우리 주님을 사랑해야 하겠습니다. 즉, '고감사' 생활을 해야 하겠습니다. '고감사'가 무엇인지 아시지요? "주님, 고맙습니다! 주님, 감사합니다! 주님, 사랑합니다!" 율동 아시지요? 한번 해 볼까요? 대단히 잘하십니다. 더 나아가 우리 이웃에게도 이런 '고감사' 생활을 한다면 얼마나 좋겠습니까? 사회가 확 달라질 것입니다. 주님, 고맙습니다! 주님, 감사합니다! 주님, 사랑합니다! 이처럼 "여보, 고마워요. 여보, 감사해요. 여보, 사랑해요. 자네, 정말 고맙고, 감사하네. 여보, 아름다워요. 정말 예뻐요. 당신, 오늘 너무 멋있어요. 당신 때문에 참 행복해요. 저를 이렇게 생각해 주시니 정말 감사해요. 당신이 최고예요. 날 지켜 줘서 고마워요." 이와 같은 칭찬과 사랑은 받는 사람이나 주는 사람이나 모두가 즐겁고 행복한 선물이 될 것입니다.

그러므로 형제자매 여러분, 우리 모두 남에게 희망과 기쁨과 행복과 사랑을 주는 마중물과 같은 사람이 되어야 하겠습니다.

> "사람 밖에서 몸 안으로 들어가 그를 더럽힐 수 있는 것은 하나도 없다. 오히려 사람에게서 나오는 것이 그를 더럽힌다."(마르 7,15) 아멘!

눈치, 코치, 귀치?

요즘 아침저녁으로 서늘해졌습니다. 형제자매 여러분, 여러분들은 아침저녁에 어떤 자연의 소리를 듣고 있습니까? 형제자매 여러분, 혹시 오늘 하느님께서 보내신 편지 받아 보셨습니까? 아니면 하느님의 목소리를 들으셨습니까? 제가 알기로는 풍기성당 신자들은 아주 열심한 신자들이고 기도도 많이 하는 것으로 알고 있는데 맞습니까? 그렇다면 왜 하느님의 목소리도 못 듣고, 편지도 못 받았겠습니까?

언젠가 《평화신문》 '묵상과 시'라는 난에 김용해(요한) 시인이 〈편지〉라는 제목으로 시를 발표한 적이 있습니다. 지금도 《평화신문》에 매주 시를 싣고 있습니다만 오늘은 그분의 〈편지〉라는 제목의 시를 일부만 소개하겠습니다.

> 아침마다 하느님의 편지가 옵니다
> 햇빛 속에서 오고
> 바람 속에서 오고
> 나무와 꽃들에게서 옵니다
> 산다는 것은 사랑하는 것이라고
> 그러므로 서로 섬기고 나누면서
> 기쁘고 좋은 하루가 되라고

형제자매 여러분, 이런 하느님의 편지를 받아 보셨습니까? 누구나 다 받는데, 느끼지를 못하고 보지 못하고 듣지를 못하기 때문입니다. 신앙인은 햇빛, 바람, 비, 꽃, 나무, 곤충, 새 등을 통해서 하느님을 체험할 수 있어야 합니다.

형제자매 여러분, 그 사람 참 "센스(Sense)가 있다."라는 말을 쓰는데 '센스'가 무엇이지요? '어떤 사물이나 현상에 대한 감각이나 판단력'을 말합니다. 소위 감각이나 소리에 민감하다는 뜻입니다. 재치가 있다는 말입니다. 반면에 "그 사람 눈치코치가 없는 사람이다."라고 할 때는 "감각이나 판단력이 둔하다."라는 말입니다. 형제자매 여러분, 3치가 무엇인지 알고 계십니까? 3치란 '눈치, 코치, 귀치'를 말합니다. 형제자매 여러분, 정치가가 무엇입니까? 정치가는 이 3치를 오가며 행동하는 사람입니다. 그러니까 정치가는 백성들의 눈치, 코치, 귀치를 잘 알고 행동해야 한다는 말입니다. 그런데 오늘날 정치가들은 인터넷으로, 곧 눈으로 보고만 행동하니 백성과 통하겠습니까? 직접 눈으로 보고, 코로 냄새 맡고 귀로 들음으로써 가슴으로 느껴야 백성의 마음을 헤아릴 수 있지 않겠습니까?

형제자매 여러분, 이 3치가 무엇이라고 했습니까? '눈치, 코치, 귀치'인데 이 3치는 정치가에게만 해당이 되는 것이 아니라 신앙인에게도 해당이 됩니다. 우리는 신앙생활을 해 가면서 우리 모두 이 3치를 헤아릴 수 있는 능숙한 사람이 되어야 합니다. 그래야만 하느님 보시기에 정말 어여쁜 사람이 될 수 있습니다. 그러기 위해서 우리는 어떻게 해야 하겠습니까?

형제자매 여러분, 오늘 복음에 '귀먹은 반벙어리'가 등장합니다. 얼마나 답답하겠습니까? 오늘 예수님께서는 이 귀먹은 반벙어리를 치유해 주십니다. "예수님께서는 하늘을 우러러 한숨을 내쉬신 다음, 그에게 '에파타!'라고 말씀하시자 곧바로 그의 귀가 열리고 묶인 혀가 풀려서 말을 제대로 하게 되었다."(마르 7,34-35)라고 합니다. 형제자매 여러분, "에파타!"라는 말의 뜻이 무엇이지요? "열려라!"라는 뜻입니다. "에파타!"의 뜻처럼 이 3치를 헤아리는 능숙한 사람이 되기 위해서 우선 열어야 합니다. 그러면 무엇을 열어야 하겠습니까? 돈지갑을 열어야 하겠습니까? 물론 돈지갑을 열어야 하겠습니다만….

첫째, 귀를 열어야 합니다. 그래야만 모든 정보를 잘 들을 수 있습니다. 연세가 많은 어른과 함께 사는 자식과 며느리들은 애를 먹습니다. 귀가 잘 안 들리기 때문에 큰 소리로 말해야 하고 어떨 때는 동문서답을 하기 때문입니다. 오늘 우리가 말하는 귀머거리는 영적인 귀머거리를 말합니다. 하느님 말씀을 들어야 하는데 들을 수 없습니다. 그러므로 하느님의 뜻이나 계획을 알아들을 수 있는 귀가 열려야 합니다. 기도하면서 하느님 아버지의 주파수에 잘 맞춰야 합니다. 형제자매 여러분, 영적으로 귀가 먼 사람은 어떤 사람입니까? 예를 들면, 아들 대학 떨어졌다고 성당 안 나오는 사람, 미운 사람이 있어서 성당 안 나오는 사람, 누구와 서로 다투었거나 싸워서 성당 안 나오는 사람, 성당 나오니 재미가 없다는 사람, 바로 이런 사람들입니다.

형제자매 여러분, 관현악단이나 합창단에서는 무엇보다도 잘 듣는 귀가 열려야 합니다. 내 소리만 내지 말고 남의 소리를 잘 듣고 하모니, 조화, 화음을 이루어야 합니다. 자신만을 주장해서 불협화음을 이루어서는 안 됩니다. 남북 관계뿐만 아니라 이 사회, 공동체도 마찬가지입니다.

둘째는 입을 열어야 합니다. 귀먹은 반벙어리가 예수님께 치유를 받고 처음으로 한 말이 무엇이겠습니까? "주님, 감사합니다. 주님, 고맙습니다."라고 분명히 말했을 것입니다. "저분이 하신 일은 모두 훌륭하다. 귀먹은 이들은 듣게 하시고 말 못 하는 이들은 말하게 하시는구나."(마르 7,37)라고 사람들이 놀라서 말했듯이 말입니다. 우리도 입이 열려야 합니다. 그래야 기쁜 소식인 복음을 힘차게 전할 수 있지 않겠습니까? 잡담하거나 남 흉보는 것은 대단히 잘 합니다. 유행가도 아주 멋들어지게 부릅니다. 그런데, 전교하는 데는 반벙어리입니다. 어떻게 해야 하겠습니까? 에파타! 열려라! 성가 부를 때 입을 꾹 다물고 있습니다. 어떻게 해야 하겠습니까? 에파타! 열려라! '신자들의 기도'를 하라고 하면 반벙어리가 됩니다. 어떻게 해야 하겠습니까? 역시 에파타! 열려라!

셋째는 마음을 열어야 합니다. 마음의 문을 활짝 열어야 합니다. 옹졸한 마음, 이기심, 욕심, 허영심, 시기나 질투심, 부귀영화에 대한 헛된 욕망, 권력욕, 명예욕, 이런 것들은 빗자루로 싹싹 쓸어 내야 합니다. 그 대신에 처음에 소개한 〈편지〉 시처럼, '산다는 것은 사랑하는 것'입니다. 그러므로 사랑으로 채워야 하겠습니다. 그러므로 그 대신에 서로 섬기고 나누어야 하겠습니다.

형제자매 여러분, 어떻게 생각하면, 우리 모두 복음에 등장하는 반벙어리처럼, 역시 우리도 또 하나의 반벙어리입니다. 그러므로 주님께서 반벙어리인 우리에게도 "에파타!"라고 외쳐 주셔서 진정 귀가 열리고 입이 열리고 마음이 열리도록 기도해야 하겠습니다. 무엇보다도 이 3치가 열려 하느님 보시기에 어여쁜 신앙인이 되어야 하겠습니다. 자연을 통해서, 사건이나 일을 통해서 하느님의 뜻을 헤아릴 수 있는 센스 있는 신앙인이 되어야 하겠습니다. 그래서 진정 하느님을 찬미하고 감사할 줄 아는 신앙인이 되도록 이 미사를 통해서 열심히 기도해야 하겠습니다.

"에파타!" 하면 "열려라!" 반대로 "열려라!" 하면 "에파타!" 하고 외칩니다. 아멘!

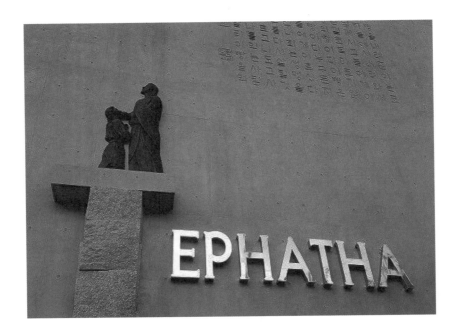

시아버지의 문자 메시지

형제자매 여러분, 오늘은 〈시아버지의 문자 메시지〉란 글을 소개해 드립니다.

내게는 핸드폰 두 대가 있다. 한 대는 내 것이고 다른 하나는 하늘나라에 계신 시어머님 것이다. 내가 시부모님께 핸드폰을 사 드린 건 2년 전. 두 분의 결혼기념일에 커플 핸드폰을 사 드렸다. 문자 기능을 알려 드리자 두 분은 며칠 동안 끙끙대시더니 서로 문자도 나누시게 되었다. 그러던 올 3월 시어머님이 갑자기 암으로 돌아가셔서 유품 가운데 핸드폰을 내가 보관하게 되었다.

그러고 한 달 정도 지날 무렵, 아버님이 아파트 경비 일을 보러 나가신 후 '띵동!' 하고 어머님 핸드폰으로 문자 메시지가 들어왔다. "여보, 오늘 야간조니까 저녁 어멈이랑 맛있게 드시구려." 순간 난 너무 놀랐다. 혹시 어머니가 돌아가신 충격으로 치매 증상이 온 게 아닌가 하는 불길함이 몰려왔다. 그날 밤 또 문자가 날아왔다. "여보, 날씨 추운데 이불 덮고 잘 자구려. 사랑하오." 남편과 나는 그 문자를 보며 눈물을 흘렸고 남편은 좀 더 지켜보자고 했다.

아버님은 그 후 "김 여사, 비 오는데 우산 가지고 마중 가려는데 몇 시에 갈까요? 아니지. 내가 미친 것 같소. 보고 싶네."라는 문자를 끝으로 한동안 메시지를 보내지 않으셨다.

그 얼마 후 내 핸드폰으로 문자가 왔다. "애미야, 오늘 월급날인데 필요한 거 있니? 있으면 문자 보내거라." 난 뛰는 가슴을 진정시키며 "네, 아버님, 동태 2마리만 사 오세요." 하고 답장을 보냈다. 그날 저녁 우리 식구는 아버님이 사 오신 동태로 매운탕을 끓인 후 소주 한잔과 함께 아버님이 하시는 이야기를 묵묵히 들었다. "아직도 네 시어미가 문을 열고 들어올 것만 같다. 그냥 네 어머니랑 했던 대로 문자를 보낸 거란다. 답장이 안 오더라. 그제야 네 어머니가 돌아가신 걸 알았다. 모두들 내가 이상해진 것 같아 내 눈치를 보며 아무 말도 못 하고 있었던 것도 안다. 미안하다."

그날 이후 아버님은 어머님 핸드폰으로 다시 문자를 보내지 않으신다. 하지만 요즘은 내게 문자를 보내신다. 지금 나도 아버님께 문자를 보낸다. "아버님, 빨래하려고 하는데 아버님 속옷은 어디다 숨겨 두셨어요?"[9]

형제자매 여러분, 참으로 감동적인 글입니다. 핸드폰에 담은 그리움, 하늘나라에도 닿겠지요? 이제 어머님의 자리에 어머님만큼 마음 따뜻한 며느리가 있으니 든든합니다. 형제자매 여러분, 여러분들도 정말 이렇게 애틋하게 아내나 남편을 사랑하십니까? 그리고 여러분들도 이렇게 애틋하게 아들, 딸, 가족들을 사랑하십니까? 더 나아가 이렇게 애틋하게 부모님을 사랑하십니까?

형제자매 여러분, 오늘 복음에서 예수님께서 제자들에게 묻습니다. "사람들이 나를 누구라고 하느냐?" 제자들은 "어떤 이들은 세례자 요한이라고 하고 또 어떤 이들은 엘리야나 예언자 가운데 한 분이라고 하십니다."라고 대답했습니다. 예수님께서는 다시, "그러면 너희는 나를 누구라고 생각하느냐?"라고 물으시자 베드로가 "스승님은 그리스

9) https://story.kakao.com/_fAO4P/6YkNexC6cA9

도이십니다."(마르 8,29-30)라고 대답했습니다.

형제자매 여러분, "여러분은 예수님을 누구라고 생각하십니까?" 이 질문은 예비자 면담 '찰고' 때 꼭 물어보는 말입니다. 여러분들은 예수님을 나의 형님, 오빠라고 생각하십니까? 아니면 나의 아버지라고 생각하십니까? 조금 전 예화에서 남편이 아내를 사랑한 것처럼, 그만큼 예수님을 사랑하십니까? 그리고 주님을 그리워하고 계십니까? 비가 올 때, 예수님 씌워 드릴 우산을 갖고 달려간 적이 있으십니까? 날씨가 추울 때, 예수님 걱정을 하신 적이 얼마나 있으십니까?

오늘 복음에서 베드로는 예수님을 '그리스도'라고 고백합니다. '우리를 구원하실 구세주, 나의 주인이신 주님'이라는 뜻입니다. 더 나아가 '이 세상의 임금님, 곧 왕'이라는 뜻입니다.

형제자매 여러분, 예수님이 바로 여러분의 주인입니까? 예수님이 바로 여러분의 왕이십니까? 바오로 사도는 "나를 아무도 괴롭히지 마십시오. 내 몸에는 예수의 낙인이 찍혀 있습니다. 그러므로 내게 있어서는 예수 그리스도가 생의 전부입니다."(갈라 6,5: 필립 1,21)라고 말씀하셨습니다. 여러분도 바오로 사도처럼 예수님이 여러분의 생에 있어서 전부입니까?

남편은 사별한 사랑하는 아내에게 문자 메시지를 보냈습니다. "여보, 날씨 추운데 이불 덮고 잘 자구려. 사랑하오." "김 여사, 비 오는데 우산 가지고 마중 가려는데 몇 시에 갈까요? 아니지. 내가 미친 것 같소. 보고 싶네." 천국에서 이런 문자 메시지를 받은 아내는 얼마나 행복하겠습니까? 천사들에게 우리 남편에게서 문자 메시지가 왔다고 자랑하면서 얼마나 기뻐했겠습니까?

형제자매 여러분, 여러분도 주님을 사랑한다면, 이런 문자 메시지를 주님께 자주 보내야 하지 않겠습니까? 그 문자 메시지는 하느님께 직통으로 연결되는 '화살기도'입니다. 화살처럼 직통으로 메시지를 하느님께 쏘아 올립니다. 예를 들면, "주님, 고맙습니다! 주님, 감사합니다! 주님, 사랑합니다!"라는 기도를 일순간에 바치는 것입니다. 일하면서, 쉬면서, 언제나 주님을 그리워하면서 사랑한다고 고백하는 것입니다. 곧 삶이 기도입니다.

형제자매 여러분, 베드로가 예수님을 '그리스도'라고 고백했듯이 우리도 주님을 나의 왕으로, 주인으로 모시는 신자가 되어야 하겠습니다. 특히 바오로 사도의 고백처럼 '나에게 있어서 그리스도는 생의 전부'가 되어야 하겠습니다.

> "너희는 나를 누구라고 생각하느냐? 스승님은 그리스도이십니다."(마르 8,29-30) 아멘.

연중 제25주일(한국 순교자 대축일)

우리도 순교할 수 있을까?

　형제자매 여러분, 나라를 위해서 목숨을 바치는 것을 뭐라고 합니까? '순국'이라고 합니다. 그러면 나라를 위해서 목숨을 바친 사람을 '순국자(殉國者)'라고 합니다. 그렇다면 직장에 다니다가 직장일 관계로 목숨을 바친 사람을 어떻게 부릅니까? '순직자(殉職者)'라고 부릅니다. 그러면 자기가 신봉하는 종교, 신을 위해서 목숨을 바친 사람을 뭐라고 합니까? '순교자(殉敎者)'라고 합니다. 교부 떼르뚤리아누스는 '순교자의 피는 크리스천의 씨앗'이라고 했습니다. 바로 한국 천주교회뿐만 아니라 세계 천주교회, 가톨릭은 거룩한 순교자들의 피가 그 밑거름이 되어 오늘날 찬란히 번성하고 있다고 말해도 과언이 아닐 것입니다.

　오늘은 한국 순교자 대축일입니다. 정확한 축일명은 '성 김대건 안드레아 사제와 성 정하상 바오로와 동료 순교자 대축일'입니다. 이 땅의 103위 순교성인들과 124위 순교복자들은 오늘 복음에서 말씀하신 예수님의 말씀을 그대로 믿고 실천하신 분들이라고 할 수 있습니다. 곧 "정녕 자기 목숨을 구하려는 사람은 목숨을 잃을 것이고, 나 때문에 자기 목숨을 잃는 그 사람은 목숨을 구할 것이다."(루카 9,24)라는 말씀대로 사신 분들입니다. 이렇게 주님을 위해서 목숨을 바쳐 피로 증거한 사람을 우리는 순교자(殉敎者)라고 부릅니다. 이런 순교를 소위 '적색 순교(赤色 殉敎)'라고 합니다.

형제자매 여러분, 종교의 자유가 보장된 오늘날 선조들처럼 순교할 수도 없는데, 예수님의 말씀을 우리가 어떻게 실천할 수 있겠습니까? 오늘 복음에 나오는 '목숨'이라는 말은 영어로 '라이프(Life)'입니다. 이 라이프는 '생명' 또는 '목숨'으로 번역할 수도 있지만, '인생'이나 '생활'로도 번역할 수 있습니다. 이러한 면에서 오늘 복음 말씀을 '목숨' 대신에 '인생'이나 '생활' 두 가지로 대입해서 생각해 보겠습니다.

첫째로, "정녕 나 때문에 자기 인생을 바친 사람은 그 인생을 살리게 될 것이다." 주님을 위해서 한평생 인생을 바친 사람, 형제자매 여러분, 이런 사람들은 어떤 분들이겠습니까? 수도자들이나 성직자들이 아니겠습니까? 하느님을 사랑하기 때문에 자기가 좋아하는 것을 기꺼이 포기한 사람들, 청빈, 정결, 순명, 곧 복음삼덕의 삶을 살아가는 사람들일 것입니다. 예수님의 말씀 따라 자기 자신을 끊고 기꺼이 십자가를 지고 따르는 삶입니다. 이런 삶을 산 사람들을 뭐라고 불러야 하겠습니까? 비록 피는 흘리지 않았어도 주님을 위해서 순교할 각오로 증거한 사람을 '백색 순교자(白色 殉敎者)'라고 부릅니다. 특히 최양업 신부님같이 박해 속에서 최선을 다해서 신자들을 돌보다가 병고로 돌아가신 최양업 신부님 같은 분을 '백색 순교'를 했다고 말할 수 있을 것입니다.

두 번째로, "정녕 나 때문에 자기 생활을 바친 사람은 그 생활을 살리게 될 것이다."라고 생각해 볼 수 있습니다. 형제자매 여러분, 이런 삶을 살아가는 사람들은 과연 어떤 부류의 사람들이겠습니까?
곧 우리 교우들, 평신도들을 생각해 볼 수 있습니다. 여가 활동이나 취미 생활 등 삶의 여러 부분에서 자기 자신을 스스로 희생하여 주님을 증언하는 사람입니다. 애덕(愛德) 실천을 위해서 나눔과 봉사 활동을 하거나, 환경 보전이나 생명 수호를 위해서 투신하는 사람들입니다. 꾸준히 자기가 처한 환경 속에서 레지오나 빈첸시오 회원, 사목회원, 성모 회원 등 각 단체에 소속되어서 열심히 활동하는 사람들입니다. 일상생활을 주님께 봉헌하며 희생하는 삶을 사는 사람들, 뭐라고 부를 수 있겠습니까? 이런 사람들을 '녹색 순교자(綠色 殉敎者)'라고 합니다. 종교박해가 없는 현대 시대에 살면서도 주님의 말씀 따라 살아가면서 실천한다면 우리도 능히 순교자적인 삶을 살아갈 수 있을 것입니다. 예를 들면, 가정 안에서의 삶을 생각해 볼 수 있습니다. 여러분들도 한 번쯤 들은 적이 있을 것입니다. 스피드 퀴즈에서 할아버지와 할머니 부부가 문제를 알아맞히는 게임입니다.

먼저 할아버지가 설명하고 할머니가 맞추게 되는데, 문제는 '잉꼬부부'입니다. 먼저 할아버지가 "우리와 같이 가정에서 화목하게 잘 사는 부부를 뭐라고 하지?" 그러니까 할머니가 "웬수!"라고 얼른 대답했습니다. 할아버지가 "두 글자 아니고 네 글자!" 하니까 할머니가 뭐라고 말했는지 아시지요? "평생 웬수!"

이렇게 가정에서 '평생 웬수'와 이혼 안 하고 잘 참고 사는 것, 이것이 소위 말하는 녹색 순교가 아니겠습니까?

공주병에 걸린 아내가 있었습니다. 어느 날 아내가 "여보~ 나처럼 얼굴도 예쁘고 살림도 잘하는 것을 사자성어로 말하면 뭐라고 하지?"라고 당연히 '금상첨화'라는 대답을 기대하면서 남편에게 물었습니다. 남편은 "자화자찬."이라고 대답했습니다. 아내는 "아니~ 그거 말고." 남편은 "그럼, 과대망상.", 아내는 다시 "아니~ 금 자로 시작하는 말 있잖아~"라고 했고, 그러자 그제야 남편이 무릎을 탁! 치면서 자신 있게 대답했습니다. 뭐라고 말했는지 아십니까? "금시초문!"

바로 이런 공주병 부인과 사는 사람도, 알코올중독자나 도박중독자와 사는 사람도 진정한 의미에서 녹색 순교자가 아니겠습니까? 더 나아가 요즘 노부모님을 모두 다 모시지 않으려고 하는데 모시고 살거나, 몸져누워 있는 중풍 들린 부모님을 봉양하는 것, 바로 이런 삶이 녹색 순교가 아니겠습니까?

형제자매 여러분, 오늘 독서를 통해서 바오로 사도는 "무엇이 우리를 그리스도의 사랑에서 갈라놓을 수 있겠습니까? 환난입니까? 역경입니까? 박해입니까? 굶주림입니까? 헐벗음입니까? 위험입니까? 칼입니까? … 그 밖의 어떠한 것도 하느님의 사랑에서 우리를 떼어 놓을 수 없다."(로마 8,35 이하 참조)라고 했듯이 우리 선조들은 용감무쌍하게 피를 흘려 증언했습니다. 우리가 현대를 살아가면서 우리 선조들처럼, 피를 흘리는 적색 순교는 못 할지언정, 백색 순교나 녹색 순교를 통해서 우리도 순교할 수 있습니다. 그러므로 형제자매 여러분, 백색 순교나 녹색 순교를 통해서 주님께 영광을 돌려드리는 증거의 삶을 살아갈 수 있도록 최선을 다해야 하겠습니다.

"정녕 자기 목숨을 구하려는 사람은 목숨을 잃을 것이고, 나 때문에 자기 목숨을 잃는 그 사람은 목숨을 구할 것이다."(루카 9,24) 아멘.

말 무덤(언총, 言塚)

형제자매 여러분, 혹시 '말 무덤', '언총(言塚)'이라는 말을 들어 보신 적이 있으십니까? '경북 예천군 지보면 대죽리 한대마을'에는 '말 무덤'이 있습니다. 이 말 무덤은 한자로 '말 마' 자 말(馬)을 묻은 곳이 아니라, '말씀 언' 자의 말(言)의 무덤인 언총(言塚)입니다. 이 '언총'은 한자로 말씀 언(言) 자에 무덤 총(塚) 자를 쓰는데, 약 400~500년 전에 생긴 무덤입니다.

그 유래를 보면, 옛날부터 이 마을에는 김녕 김씨, 밀양 박씨, 김해 김씨, 진주 류씨, 경주 최씨, 인천 채씨 등 많은 성(姓)씨가 함께 살았는데 문중 간의 싸움이 그칠 날이 없었다고 합니다. 사소한 말 한마디가 큰 싸움으로 번지는 등 말썽이 잦자 마을 어른들은 그 원인과 처방을 찾기에 골몰했습니다.

어느 날 한 과객이 이 마을을 지나다 산의 형세를 보고는 "좌청룡은 곧게 뻗어 개의 아래턱 모습이고, 우백호는 구부러져 길게 뻗어 위턱의 형세라 마치 개가 짖어 대는 형상을 하고 있어 마을이 항상 시끄럽다."라며 예방책을 일러 주고 떠났다고 합니다. 실제로 대죽리를 둘러싸고 있는 야산은 그 형세가 마치 개가 입을 벌리는 듯해 '주둥개산'이라 불렀다고 합니다.

마을 사람들은 이 과객의 말에 따라 개 주둥이의 송곳니 위치인 논 한 가운데에 날카로운 바위 세 개를 세우고, 개의 앞니 위치인 마을 길 입구에는 바위 두 개로 재갈 바위를 세웠습니다. 그리고는 마을 사람 모두에게 사발을 하나씩 가져오게 한 뒤 '주둥개산'에 큰 구덩이를 파 놓고는 "서로에 대한 미움과 원망과 비방과 욕을 모두 각자의 사발에 뱉어 놓으라."라고 했습니다. 소위 싸움의 발단이 된 말(言)들을 사발에 담아 깊이 묻은 말(言) 무덤을 만든 것입니다.

이런 처방이 있은 뒤부터 마을에 싸움이 없어지고 살기 좋은 동네가 되었다고 합니다. 지금도 이웃 간에, 두터운 정이 계속되고 있다고 합니다.[10]

옛말에 "한마디 말로 천 냥 빚을 갚는다."라고 했지만, 그 반대로 중국 고대 당나라 올곧은 재상 '풍도(馮道)'는 자작시 〈설시(舌詩)〉에서 '구시화지문 설시참신도(口是禍之門 舌是斬身刀)'라 했습니다. 곧 '입은 재앙을 불러들이는 문이요, 혀는 몸을 자르는 칼'이 될 수도 있는 것입니다. 그래서 우리는 항상 귀로 잘 듣고 항상 입조심을 해야 할 것입니다. 그래서 아마 하느님께서 사람을 만드실 때 절묘한 비율로 귀는 두 개, 입은 하나로 만드신 것이 아니겠습니까?

형제자매 여러분, 언총, 말 무덤을 어떻게 생각하십니까? 말 많은 오늘날도 이 말 무덤이 있어서 세 치 혀를 땅에 묻고 화합과 소통의 차원에서 하나가 되도록 도덕적인 교훈으로 오래도록 보존해야 하지 않겠습니까?

조직이나 단체에서도 마찬가지입니다. 우리는 말의 힘이 세상을 지

---

10) https://brunch.co.kr/@malgmi73/442

배하는 시대에 살고 있습니다. 온당한 말 한마디가 천 냥 빚만 갚는 게 아니라 공동체를 뒤흔들어 놓기도 합니다. 말은 살아 움직이는 생명체와 같습니다. 들은 말에 자신이 살도 붙이고 살을 빼기도 합니다. 그러기에 전달받은 말 그대로 전해지는 것이 아니라 자신의 느낌과 생각을 포함하여 생략되기도 하고 왜곡되기도 합니다. 더군다나 상대방이 평소 내가 좋아하지 않는 사람이라면 좋지 않은 감정까지 덧붙여 전해지기 때문에 많은 문제와 오해를 불러일으켜 가끔 싸움이 일어나기도 합니다.

형제자매 여러분, 그러기에 오늘 복음에서 예수님께서는 아주 과격한 말씀을 하십니다. "네 손이 죄를 짓게 하거든 잘라 버려라. 두 손을 가지고 지옥에, 그 꺼지지 않는 불에 들어가는 것보다 불구자로 생명에 들어가는 편이 낫다. 네 발이 죄를 짓게 하거든 잘라 버려라. 두 발을 가지고 지옥에 던져지는 것보다 절름발이로 생명에 들어가는 편이 낫다. 또 네 눈이 너를 죄를 짓게 하거든 그것을 빼 던져 버려라. 두 눈을 가지고 지옥에 던져지는 것보다 외눈박이로 하느님 나라에 들어가는 편이 낫다."(마르 9,43-47)라고 말씀을 하십니다. 그렇다면 하늘나라에는 온통 불구자밖에 없겠습니다. 여러분은 어떻게 생각하십니까? 이는 곧 죄를 적극적으로 피하라는 말씀입니다. 이런 관점에서 생각해 볼 때 우리가 생각 없이 남의 말을 하거나 세 치 혀를 놀리는 것도 남을 아주 힘들게 하고 공동체를 와해한다는 것을 명심해야 하겠습니다. 그래서 예수님의 말씀을 빌린다면 혀가 만약 죄짓게 하거든 그 혀를 잘라 버려야 하지 않겠습니까? 그래서 오늘날에도 말 무덤, 언총이 필요함을 다시 절실히 느끼면서 교훈으로 삼아야 하지 않겠습니까? 그래서 예수님께서는 죄는 적극적으로 피하되 남에게 죄를 짓게 해서도 안 된다고 다음과 같이 말씀하십니다.

"나를 믿는 이 작은 이들 가운데 하나라도 죄짓게 하는 자는, 연자매를 목에 걸고 바다에 던져지는 편이 오히려 낫다."(마르 9,42) 아멘!

'평생 웬수'와 '열바다'

낱말을 설명해 알아맞히는 TV 노인 프로그램에서 할아버지는 '천생연분'이라는 낱말 문제를 받았습니다. 할아버지는 잽싸게, "여보, 우리같이 함께 잘 사는 부부 사이를 뭐라고 하지?"라고 물었습니다. 그러니까 할머니가 "웬수."라고 얼른 대답했습니다. 당황한 할아버지는 손가락 넷을 펴 보이며 "아니 네 글자, 네 글자로 말이야!" 하고 말했습니다. 그러니까 할머니가 "평생 웬수."라고 다시 대답했습니다. 이미 들은 얘기지요.

천생연분으로 만난 부부는 '평생 웬수'입니다. 원한 맺힌 사이는 원수이지만 부부처럼 볼 거 안 볼 거 다 겪으며 미운 정 고운 정이 들어 버린 사이는 '웬수'입니다. 서로를 만나 사랑하고 그래서 결혼하고 평생을 함께하는 사람들인데, 삶 속에서 서로 부대끼다 보니 어느새 '웬수'가 된 사실을 알고 이 땅에 사는 남편들은 씁쓸하기도 할 것입니다. 이 세상의 남편들은 아내들의 '웬수'이다. 맞습니까?

하지만 남편들이라고 해서 할 말이 없겠습니까. 남편들의 입장도 별반 다르지는 않습니다. 아내가 남편에게 다음과 같은 퀴즈를 냈습니다. "여보, 퀴즈 하나 낼게. 맞혀 봐요. 이 세상에서 가장 차가운 바다는 '썰렁해'인데 가장 따뜻하고 뜨거운 바다는 뭘까~요?"라고 물었습니다. 무엇이겠습니까? 아내는 "사랑해."를 기대하고 물었습니다. 그런데 남편이 얼른 대답을 못 하자 아내가 애교 섞인 목소리로 말했습니다. "여봉~ 지금 나한테 해 주고 싶은 말 있잖아~" 남편이 그제야 알았다는 듯 대답했습니다. 뭐라고 말했겠습니까? "아~ 열바다?"

피장파장입니다. 존재만으로도 열을 받을 정도이니 남편에게도 아내는 '평생 웬수' 못지않습니다. 원래 부부는 전생에 악연을 맺은 원수끼리 이생에서 다시 만난 사이라고 하지 않습니까? 전생의 원수가 부부로 만나 살면서 서로 아껴 주고 사랑하면서 그 업을 씻도록 만들었다는 것입니다. 전생의 그 희미한 기억이 남아 있기 때문이겠습니까? 어쨌든 남편과 아내는 이생에서도 '평생 웬수'가 되고 '열바다'가 되어 버렸습니다. 형제자매 여러분, '웬수'니 '열바다'니 해도 옆에 있을 때가 그래도 좋은 법입니다. 옆에 없으면 사무치게 그리운 것이 부부입니다. 맞습니까?

형제자매 여러분, 혹시 흥행 돌풍을 일으켰던 〈님아, 그 강을 건너지 마오〉라는 영화 보셨습니까? 다큐멘터리지만, 하루 평균 300쌍 넘게 이혼하는 시대에, 98세 할아버지와 89세 할머니가 76년간 해로한 모습에서 우리는 영원한 사랑을 꿈꿉니다. 〈님아, 그 강을 건너지 마오〉는 책으로도 출간됐는데 책 끝에 실린 대담에서 감독과 평론가는 노부부의 해로 비결을 이렇게 이야기합니다. 그간 수많은 부부 상담 전문가들이 권한 방법과 크게 다르지 않은데 몇 가지 공통점이 있습니다. 그 공통점은,

첫째, 서로 존경합니다. 영감, 할망구가 아니라 서로 '할아버지', '할머니'라 부르며 존대하고 함부로 말하지 않습니다.

둘째, 서로 칭찬합니다. 할머니는 할아버지에게 수시로 "인물이 훤하네요."라고 하고, 할아버지는 밥 먹고 믹스커피 한 잔 마시면서도

"맛있게 잘 먹었어요, 할머니." 하는 인사를 잊지 않습니다.

셋째, 서로 스킨십을 합니다. 노부부는 어딜 가든 둘이서 꼭 손을 잡고 다닙니다. 영화 속에서 할아버지는 "아직도 할머니 살이 닿지 않으면 잠이 안 와."라고 말합니다

이런 비결이 꼭 부부 사이에서만 필요한 건 아닐 겁니다. 공생이 아닌 투쟁과 척결의 대상으로 서로를 바라보는 노사, 툭하면 막말을 주고받는 여야 등 파트너십이 필요한 모든 관계에 적용할 수 있을 것입니다.

형제자매 여러분, 부부가 무엇입니까? 함민복 시인은 '부부'의 결혼 생활을 함께 맞드는 '긴 상'에 빗대어서 다음과 같은 시를 썼습니다.

부부

긴 상이 있다
한 아름에 잡히지 않아 같이 들어야 한다
좁은 문이 나타나면
한 사람은 등을 앞으로 하고 걸어야 한다
뒤로 걷는 사람은 앞으로 걷는 사람을 읽으며
걸음을 옮겨야 한다
잠시 허리를 펴거나 굽힐 때
서로 높이를 조절해야 한다
다 온 것 같다고
먼저 탕 하고 상을 내려놓아서도 안 된다
걸음의 속도도 맞추어야 한다

한 발
또 한 발

형제자매 여러분, 그렇습니다. 부부란 결혼생활을 통해서 함께 긴 상을 보조를 맞추면서 맞들어야 합니다. 여러분도 공감하십니까? 오늘 복음에서 예수님께서는 "창조 때부터 '하느님께서는 사람들을 남자와 여자로 만드셨다. 그러므로 남자는 아버지와 어머니를 떠나 아내와 결합하여 둘이 한 몸이 될 것이다.' 따라서 그들은 이제 둘이 아니라 한 몸이다. 하느님께서 맺어 주신 것을 사람이 갈라놓아서는 안 된다."(마르 10,6-9)라고 말씀하십니다. 부부는 혼인을 통해서 둘이 한 몸이 되어야 한다는 것입니다. 평생 한 몸이 되기 위해서 함민복 시인의 표현처럼 긴 상을 평생 함께 맞들고 가야 합니다. 그러기에 부부란 잘 차려진 진수성찬 상을 하느님께 바치기 위해 상 위의 음식이 조금도 쏟아지지 않도록 조심스럽게 '한 발, 또 한발' 보조를 잘 맞추어 함께 나아가는 사람입니다.

형제자매 여러분 '평생 웬수', '열바다'가 아니라 천생연분으로 살아가기 위해서 어떻게 해야 하겠습니까? 무엇보다도 짝을 지워 주신 하느님께 감사하면서 열심히 기도하면서 둘이 하나가 되도록 노력해야 하겠습니다. 둘이 하나가 된다. 말은 쉽지만, 대단히 어렵습니다. 그래서 바오로 사도가 노래한 "사랑은 언제나 오래 참고, 사랑은 친절하며, 사랑은 시기하지도 않고, 사랑은 성을 내지도 않고, 사랑은 모든 것을 덮어 주고 모든 것을 믿으며 모든 것을 바라고 모든 것을 견디어 냅니다."(1고린 13,1-7 참조)라는 말씀을 명심해야 하겠습니다.

형제자매 여러분, '둘이 발목 묶어 달리는 경기' 알고 계시지요?

부부는 혼인을 통해서 둘이 발목 묶어서 달리는 경기자처럼 서로 어깨동무하고 하나, 둘 발맞추어 나아가는 신앙인이 되어야 하겠습니다. 때론 잘못하여 넘어지면 웃으면서 다시 일어나 더욱더 서로 허리를 꽉 부둥켜 잡고 하늘나라로 달려가는 씩씩한 길동무가 되어야 하겠습니다.

"따라서 그들은 이제 둘이 아니라 한 몸이다. 하느님께서 맺어 주신 것을 사람이 갈라놓아서는 안 된다."(마르 10,8-9) 아멘.

이 세상에서 가장 무서운 병

형제자매 여러분, 이 세상에서 가장 무서운 병이 무엇이겠습니까? 암? 이 세상에서 가장 무서운 병은 '돈병'입니다. 재물에 대한 탐욕병입니다. 이 병은 부모 자식도 없습니다. 형제도 없습니다.

옛날 동전(엽전)은 구멍이 있습니다. 그러나 요즘 동전은 구멍이 없습니다. 동전을 눈앞에 갖다 대면 캄캄해서 아무것도 안 보입니다. 돈병에 걸리면 그렇습니다! 이 돈병에 걸리면 부모도 형제도 자식도 몰라보는 정말 무서운 병입니다.

어떤 단란한 가정이 있었습니다. 농사도 상당히 많이 짓고 땅뙈기도 엄청 많았습니다. 맏아들은 부모님과 함께 농사를 지으면서 해마다 그해 소출을 적립해 나가다가 몇 해 안 가 또 땅을 사고, 그렇게 계속 경작 논밭을 늘려 갔습니다. 그러면서 동생들이 대학교 다닐 때마다 학비 보태 주고 출가할 때마다 아파트 사라고 몇억씩 보태 주었습니다. 그런데 모친은 몇 해 전에 돌아가시고 아버님이 최근 돌아가셨습니다. 그런데 발단은 장사 지내고 삼우제 때부터 시작되었습니다. 연로하셨지만 건강하시던 부친께서 농기계 사고로 갑자기 돌아가셨기 때문에 유언을 못 하셨습니다. 동생들은 각기 제 몫을 내놓으라고 형을 윽박지르는 것입니다. 옛날에 시집가고 장가갈 때, 언제 아파트 살 때 도와주었느냐는 식으로 형과 형수를 몰아붙이면서 자기 몫을 내놓으라는 것입니다.

이제 공평하게 부모님 재산을 나누자고 말입니다. 대학교 다닐 때부터 학비와 하숙비는 물론 시집가고 장가가고, 아쉬울 때 손 벌릴 때마다 도와주었지만, 언제 도와줬냐는 식입니다. 형과 형수는 죽도록 일하면서 아끼고 아끼면서 살림을 꾸려 오면서 적립해서 땅뙈기를 사 모았는데 말입니다. 그래도 삼우제 날에는 옥신각신하다가 모두 헤어졌습니다. 그런데 며칠 뒤 사건이 터지고 말았습니다. 한밤중에 동생들 내외가 떼거리로 찾아와 잠자는 형과 형수에게 칼을 들이대면서 자기 몫을 나누어 주지 않으면 죽이겠다고 윽박질렀습니다. 이후 형과 형수는 동생 부부들에게 환멸을 느껴 "그래, 좋다. 이제부터는 형이라고 부르지도 말고 찾아오지도 말아라. 부모 제사 때도 오지 마라. 땅은 내놓아 팔리는 대로 정리해 줄 테니 썩 꺼져라."라고 호통을 쳤다고 했습니다. 이웃에게 부끄러워 말도 못 하고 며칠 동안 끙끙 앓고 누워 있다가 하도 속이 상해서 이런 동생들을 다 총으로 쏘아 죽이고 이 세상을 정리하고 싶은 충동까지 있었다는 것입니다. 이렇게 해서 온 집안이 풍비박산이 나고 철천지원수가 되었습니다.

형제자매 여러분, 정말 이 세상 병 중에 가장 무서운 병이 돈병입니다. 탐욕에 대한 병입니다. 돈병에 걸리면 부모, 형제, 자식도 몰라봅니다. 무섭습니다. 그렇기에 오늘 복음에서 예수님께는 "부자가 하늘 나라에 들어가는 것보다는 낙타가 바늘귀로 빠져나가는 것이 더 쉽다."(마르 10,25)라는 말씀을 하십니다. 돈을 모으다 보면 자기 자신도 모르게 탐욕병에 걸려 계속해서 욕심이 욕심을 부르게 되고 탐욕을 잉태하기 때문입니다. 우리나라 전직 대통령들을 보십시오. 대통령의 영예로만 족하지, 무슨 돈이 그렇게 필요하겠습니까? 천년만년 살 것도 아닌데 참으로 부끄럽습니다.

부자라고 해서 다 그런 것은 아닙니다. 가난하게만 살라는 것이 아닙니다. 부를 누리면서 하느님께서 허락하신 재화를 유용하게 잘 사용한다면 얼마나 좋겠습니까? 가난한 이웃과 나눔을 실천하면서 이 사회에 기여한다면 더 살기 좋은 사회를 만들 수 있지 않겠습니까? 그것이 자신뿐만 아니라, 우리 모두의 기쁨이자 선물이기 때문입니다. 그러기에 번 만큼 이 사회에 기쁨으로 환원하는 기업가들이 있다면 그런 나라는 정말 행복한 나라가 될 수 있을 것입니다.

한 부자 노인이 자녀들의 끈질긴 청에 못 이겨 일생의 피와 땀이 얼룩진 그의 재산을 미리 나누어 주었습니다. 자식들의 논리는 아주 그럴듯했습니다. 아버지께서 사랑하는 자식들에게 당연히 유산을 남겨 주실 텐데, 연로하신 아버지께서 갑자기 세상을 뜨시기라도 한다면 그 많은 재산을 세금이다 뭐다 해서 손해를 많이 본다는 것입니다. 사업에 쪼들리는 자식들에게도 큰 도움이 되고 재산에도 손해가 없으니 일거양득이라고 아버지를 설득했습니다. 그래서 아버지는 자녀들에게 유산을 다 나누어 주었습니다. 그런데 그다음 해 아버지가 몹쓸 병에 걸려 병원에서 여러 번 수술을 받게 되었습니다. 이제 자신의 수중에 돈이 없으니 병원 입원비가 필요할 지경이 되었는데 정작 자식들은 발걸음을 끊고 병든 아버지에게 아무런 도움도 주지 않았습니다. 돌아가실 게 뻔한데 뭐 하러 생돈을 쓰냐는 것이 똑똑한 자녀들의 생각이었습니다. 담당 의사는 노인에게 한 가지 방법을 가르쳐 주었습니다. 노인은 자녀들에게 사실 알리지 않은 많은 부동산이 있다고 거짓말을 했습니다. 얼마 후 자녀들은 앞다투어 아버지에게 큰돈을 송금했습니다. 아버지는 돈을 찾은 후 자녀들과 연락을 끊었습니다.

형제자매 여러분, 정말 돈과 재물의 위력은 참으로 대단합니다. 사람도 죽이고 부자지간의 정도 끊어 버리고 애틋한 인간관계도 파괴해

버리니 말입니다. 그러나 재물 역시 세상의 모든 만물처럼 덧없이 사라지며 영원하지 않습니다. 우리도 언젠가 빈손으로 왔다가 빈손으로 가야 할 존재입니다. 그러기에 너무 아옹다옹할 필요도 없고 하늘나라에 보화를 쌓는 현명한 신앙인이 되어야 하겠습니다.

그러므로 형제자매 여러분, 우리는 오늘 복음 말씀을 상기하면서 "너희는 주의하여라. 모든 탐욕을 경계하여라. 아무리 부유하더라도 사람의 생명은 그의 재산에 달려 있지 않다."(루카 12,15)라는 주님의 말씀을 명심하면서 살아가야 하겠습니다.

"부자가 하늘나라에 들어가는 것보다는 낙타가 바늘귀로 빠져나가는 것이 더 쉽다."(마르 10,25) 아멘.

나누면 나눌수록 더 크게 메아리치는 행복

　형제자매 여러분, '나누면 나눌수록 더 크게 메아리치는 행복'은 무엇이겠습니까? 바로 사랑입니다. 현대인에게 가장 흔한 정신 질환 가운데 하나가 바로 '우울증'이라고 합니다. 우울증의 원인은 여러 가지가 있을 수 있습니다. 사람은 다른 사람들과 소통하려고 노력을 하기보다 사회적 관계를 위해 일정한 거리를 유지하면서, 끊임없이 남과의 비교를 통해 나보다 더 나은 사람을 동경하게 됩니다. 그러다 이제는 그 동경을 뛰어넘어서 시기하고 질투하게 됩니다. 그다음엔 그것이 열등감으로까지 이어져 마음의 골을 더 깊게 만들어 가기 때문에 우울증에 걸리게 된다고 합니다. 이 우울증은 현대인에게 더 많이 발생됩니다.

　오스트리아 출신의 저명한 정신분석학자인 알프레드 애들러(Adler A.) 박사는 이런 열등감이나 단점을 어떻게 생각하고 극복하느냐에 따라 성공과 좌절이 결정된다고 하였습니다. 그리고 이런 열등감을 통한 우울증에 빠지지 않기 위해선 "적극적으로 주변 사람들에게 관심을 가지고 도움을 주고자 노력을 해야 한다."라고 강조하고 있습니다. 알프레드 애들러 박사는 "다른 사람에게 관심을 가지지 않는 사람은 인생에 있어서 가장 큰 어려움을 가진 사람이고, 다른 사람에게 가장 큰 해를 입히는 사람이다. 인간의 모든 실패의 원인은 다른 사람에게 관심을 가지지 않는 것이다."라고 말했습니다.

이런 알프레드 애들러 박사의 지론은 자신에게 찾아온 우울증 환자들에게 그대로 적용되었습니다. "두 주간 제가 말씀드리는 처방대로 따르십시오. 그러면 당신은 우울증에서 벗어나 건강해질 것입니다."라고 하면서 다음과 같은 처방을 내려 주었습니다. "매일 아침에 눈을 뜰 때마다 오늘은 어떻게 하면 남을 기쁘게 해 줄 수 있을까 궁리하고 그것을 실천하면 됩니다."

그의 명성을 듣고 찾아온 환자들은 뭔가 특별한 치료와 약을 통해 자신의 우울증을 치료해 주길 바랐는데 너무나 싱거운 처방에 대부분 실망하고 돌아갔다고 합니다. 그러나 그 와중에도 그의 처방에 따른 사람들은 2주 만에 평생을 괴롭혀 온 우울증에서 벗어나 웃음을 되찾을 수 있었다고 합니다.

비록 작은 것이라도 남을 돕기 위해 노력하고 이웃에게 서툴지만 사랑을 전했더니 우울증이 깨끗하게 사라진 것입니다. 산 정상에 오른 사람들이라면 누구나 할 것 없이 자신만의 방법으로 소리를 지르곤 합니다. 그러면 내 목소리와 감정이 그대로 돌아오게 됩니다. 이것을 뭐라고 합니까? 메아리라고 하지요. 사랑도 마찬가지입니다. 내가 대접받고 싶으면 먼저 상대방을 대접하고, 내가 사랑받고 싶다면 먼저 상대방을 사랑해 주어야 합니다. 왜냐하면, 사랑은 '나누면 나눌수록 더 크게 메아리치는 행복'이기 때문입니다.

형제자매 여러분, 메아리를 생각하면서 오늘 복음 말씀을 묵상하시면 좋겠습니다. 예수님께서는 "너희 가운데에서 높은 사람이 되려는 이는 너희를 섬기는 사람이 되어야 한다. 또한, 너희 가운데에서 첫째가 되려는 이는 모든 이의 종이 되어야 한다. 사실 사람의 아들은 섬김을 받으러 온 것이 아니라 섬기러 왔고, 또 많은 이들의 몸값으로 자기 목숨을 바치러 왔다."(마르 10,43-45)라고 말씀하십니다.

형제자매 여러분, 우리가 주님의 말씀 따라 남을 섬기면 섬길수록, 종이 되면 종이 될수록 사랑을 깨닫게 되고 기쁨으로 봉사할 수 있을 것입니다. 왜냐하면, 사랑은 '섬기면 섬길수록 더 크게 메아리치는 행복'이기 때문입니다. 왜냐하면, 사랑은 '종이 되면 종이 될수록 더 크게 메아리치는 행복'이기 때문입니다. 왜냐하면, 사랑은 '나누면 나눌수록 더 크게 메아리치는 행복'이기 때문입니다.

그러므로 형제자매 여러분, "너희 가운데에서 높은 사람이 되려는 이는 너희를 섬기는 사람이 되어야 한다. 또한, 너희 가운데에서 첫째가 되려는 이는 모든 이의 종이 되어야 한다."(마르 10,43-44)라는 말씀을 명심하면서 살아가야 하겠습니다. 우리가 먼저 황금률의 말씀에 따라서 '너희는 남에게서 바라는 대로 남에게 해 준다면' 만사형통일 것입니다.

형제자매 여러분, 조금 전 예화에서 알프레드 애들러 박사가 우울증 환자들에게 내린 처방이 무엇인지 기억하십니까? "매일 아침에 눈을 뜰 때마다 오늘은 어떻게 하면 남을 기쁘게 해 줄 수 있을까 궁리하고 그것을 실천하면 된다."라고 했습니다. 그러므로 형제자매 여러분, 바로 오늘 복음 말씀에 따라서 어떻게 하면 남을 섬길 수 있을까, 어떻게 하면 남을 기쁘게 할 수 있을까 궁리하면서 실천한다면 우울증은 깨끗이 사라지고 기쁘게 살아갈 수 있을 것입니다. 더 나아가 어떻게 하면 주님을 잘 섬길 수 있을까, 어떻게 하면 주님을 좀 더 기쁘게 해 드릴 수 있을까 궁리하면서 실천한다면 역시 우울증은 사라지고 아주 기쁘게 신앙생활을 잘 할 수 있을 것입니다. 그렇게 우리 모두 산다면 풍기성당에는 한 사람도 우울증 환자가 없을 것이고 본당은 발전될 것입니다.

형제자매 여러분, 강론 처음에 '나누면 나눌수록 더 크게 메아리치는 행복'이 무엇이라고 했습니까? 바로 사랑입니다. 이렇게 사랑은 나누면 나눌수록, 사랑의 마음으로 섬기면 섬길수록 더 크게 메아리치는 행복 속에서 사시게 될 것입니다. 모두 다 그런 행복을 누리시기를 빕니다.

"너희 가운데에서 높은 사람이 되려는 이는 너희를 섬기는 사람이 되어야 한다. 또한, 너희 가운데에서 첫째가 되려는 이는 모든 이의 종이 되어야 한다."(마르 10,43-44) 아멘.

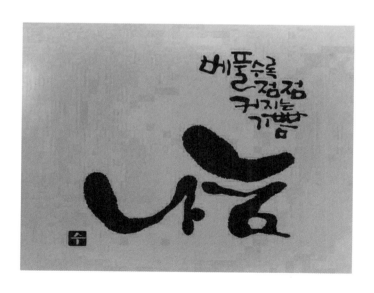

만병통치약이신 예수님

찬미 예수님! 형제자매 여러분, 난센스 퀴즈를 내겠습니다. 한번 알아서 맞추어 보시기 바랍니다.

"세 학생이 달리기 시합을 했습니다. 누가 1등을 했을까요?"라는 문제입니다. 첫 번째 학생은 나이키 운동화를 신고 달리고, 두 번째 학생은 프로스펙스 운동화를 신고 달리고, 세 번째 학생은 비메이커 운동화를 신고 달렸습니다. 누가 1등을 했을까요? 여러분도 알고 계시겠지만, 메이커가 없는 운동화를 신고 달린 학생이 1등을 했습니다. 그 이유가 무엇이겠습니까? 메이커가 없는 운동화를 신은 학생은 부끄러워서 누가 신발 상표를 볼까 봐 죽기 살기로 달려서 1등을 했고, 메이커가 있는 나이키 신발을 신은 학생은 "내 신발 봐라." 하면서 자랑하려고 천천히 달렸다는 것입니다.

형제자매 여러분, 난센스 퀴즈지만 이해되시지요? 요즘 브랜드, 상표가 얼마나 중요한가를 새삼 느끼실 것입니다. 요즘 상품들은 생각해 보면 대개 브랜드, 상표값입니다. 신발이나 옷이나 전자제품, 화장품 등등 모든 것이 다 그렇습니다.

형제자매 여러분, 요즘 브랜드, 상표가 대단히 중요하다고 했습니다만, 종교의 브랜드 중 우리나라에서 상종가의 종교는 무엇이겠습니까? 불교, 유교, 기독교입니까? 예수 상품 중 가장 나은 종교가 천주교, 가톨릭입니다. 열 명 중 일곱 명은 종교를 택한다면 천주교, 가톨릭을 믿겠다는 것입니다. 그런데 우리 신자들은 이런 좋은 브랜드를 가지고 있는 천주교를 선전도 못 하니 참으로 한심스럽습니다. 통계적으로 보면, 천주교 신자 열 명 중 일곱 명은 아예 1년 동안 한 번도 전교를 안 한다는 것입니다. 10명 중 3명만 전교를 한다는 것입니다. 형제자매 여러분, 이래도 되겠습니까?

형제자매 여러분, 요즘 사람들은 "건강에 좋다!", "이것 먹으면 건강하게 장수할 수 있다." 하면 누구든지 솔깃하게 듣습니다. "건강에 좋다!", "만병을 고친다!" 하면 전국 어디라도 찾아갈 것입니다. 건강하게 오래 살 수 있다. 어떤 병에 걸려도 다 나을 수 있다. 바로 이 약은 어떤 병이라도 다 나을 수 있는 만병통치약이다. 이 세상에 그런 약이 있겠습니까? 만약에 그런 약이 있다면 얼마나 좋겠습니까? 형제자매 여러분, 저는 그 약을 알고 있습니다. 알려 드릴까요? 맨입에 되겠습니까? 오늘 여러분들에게 특별히 알려 드립니다. 그 약은 바로 '구약과 신약'입니다. 구약과 신약은 성경 말씀입니다. 하느님 말씀인 구약과 신약의 성경 말씀만 먹으면 영원히 살 수 있습니다. 그래서 예수님께서는 "나는 길이요, 진리요, 생명이다." 또 "나는 부활이요, 생명이다. 나를 믿는 사람은 죽더라도 살고, 또 살아서 나를 믿는 모든 사람은 영원히 죽지 않을 것이다."(요한 11,25-26)라고 말씀하셨습니다.

형제자매 여러분, 그러므로 우리는 이 만병통치약이신 예수님을 힘차고 기쁘게 전할 수 있도록 해야 하겠습니다. "내가 성당에 다니니 정말로 행복하고 좋더라. 예수란 양반을 믿고 내가 이렇게 달라졌어. 주님을 알고부터 집안이 이렇게 평안하고 서로 우애 있고 얼마나 좋은지 몰라. 애들도 말썽 안 부리고 제 할 것 스스로 하고 얼마나 효도를 잘하는지 하느님을 믿고 달라졌어. 그리고 주님께 열심히 기도하니 얼마나 마음의 위로를 받고 축복을 받고 사는지 한번 믿어 봐! 성당에 나와 보란 말이야!" 이렇게 하면서 전교한다면 얼마나 좋겠습니까?

형제자매 여러분, 오늘 바오로 사도는 제2독서를 통해서 "자기가 믿지 않는 분을 어떻게 받들어 부를 수 있겠습니까? 자기가 들은 적이 없는 분을 어떻게 믿을 수 있겠습니까? 선포하는 사람이 없으면 어떻게 들을 수 있겠습니까?"(로마 10,14-15)라고 말씀하셨습니다. 그러므로 우리는 "기회가 좋든지 나쁘든지 언제나 복음을 전해야 하겠습니다."(2디모 4,2) 또한 오늘 복음에서 예수님께서는 승천하시기 전에 제자들에게 당부하셨습니다. "너희는 가서 모든 민족들을 제자로 삼아, 아버지와 아들과 성령의 이름으로 세례를 주고, 내가 너희에게 명령한 모든 것을 가르쳐 지키게 하여라."(마태 28,19-20)라고 말입니다. 이 말씀은 예수님의 유언이자 명령입니다. 청개구리도 부모님의 유언을 지켰는데, 우리도 예수님의 유언을 받들어 지켜야 하지 않겠습니까?

형제자매 여러분, 하느님을 믿지 않았던 사람이 죽었습니다. 그래서 하느님 앞에 끌려가서 심판을 받게 되었는데 하느님께서 다음과 같이 물었습니다. "당신은 이 세상에 살고 있을 때 왜 하느님인 나를 믿지 않고 성당에도 다니지 않았느냐?" 그러니까 그 사람이 다음과 같이 대답했습니다. "옆집에 성당 다니는 신자가 살고 있었는데, 한 번도 성당에 다니자고 권유도 안 했고 몰라서 하느님을 안 믿었습니다. 죄송합니다." 그러니까 하느님께서 "도대체 그 옆집 사람이 누구냐?"라고 말씀하셨습니다. 그래서 "이 사람 아시지요? ○○○라는 사람입니다."라고 말씀드렸더니 하느님께 뭐라고 말씀하셨는지 아십니까? "내 아들, 딸 이라면 절대로 그럴 리가 없다. 내 유언도 안 지키는데 그게 자식인가? 내 아들, 딸 중에 난 그런 아들, 딸 둔 적이 없다."

형제자매 여러분, 만약에 하느님께서 여러분에게 이렇게 말씀하신 다면 어떻게 하시겠습니까? 그러므로 형제자매 여러분, 10월 전교의 달, 전교주일을 맞이해서 힘차게 주님을 전합시다! "내가 세상 끝날까 지 언제나 너희와 함께 있겠다."(마태 28,20)라는 주님의 말씀을 믿고 용 기를 갖고 열심히 선포합시다. 비록 나이키 신발은 신지 않았어도 "기 쁜 소식을 전하는 이들의 발이 얼마나 아름다운가?"(로마 10,15)라는 말 씀대로 아름다운 발, 영광의 발이 되도록 해야 하겠습니다.

"자기가 믿지 않는 분을 어떻게 받들어 부를 수 있겠습니까? 자기가 들 은 적이 없는 분을 어떻게 믿을 수 있겠습니까? 선포하는 사람이 없으면 어떻게 들을 수 있겠습니까?"(로마 10,14-15) 아멘.

오늘도 짜장면을 먹고 싶다,
풍금 소리 들으며

　나는 옛날에 가끔 여행하다가 점심때가 되면 즐겨 손짜장집을 찾곤 했습니다. 아직도 감미로운 그 옛 맛, 그때 그 맛을 잊을 수 없지만, 요즘은 밀가루 알레르기 때문에 먹고 싶어도 못 먹기 때문에 참으로 아쉬움이 많습니다. 형제자매 여러분, 짜장면 하면 생각나는 글이 있습니다. 《연탄길》이라는 책 속에 나오는 〈풍금 소리〉입니다. 오늘도 그 풍금 소리를 들으며 짜장면을 먹고 싶습니다. 나도 모르게 행복에 젖어 아마 흐뭇한 미소를 짓게 될 것입니다. 그 누가 알 수 있겠습니까? 그 아름다운 마음과 그 맛을 말입니다.

　한 소녀 가장이 어린 동생 둘을 데리고 짜장면을 먹으러 왔다. 그런데 짜장면을 두 그릇만 시켰다. "근데 언니는 왜 안 먹어?" "응, 점심 먹은 게 체했나 봐. 아무것도 못 먹겠어." "누나 그래도 먹어. 얼마나 맛있는데." "누나는 지금 배 아파서 못 먹어. 오늘은 네 생일이니까 맛있게 먹어." 큰아이는 그렇게 말하며 남동생의 손을 꼭 잡아 주었다. "언니, 우리도 엄마, 아빠가 있었으면 얼마나 좋을까. 저렇게 같이 저녁도 먹구." 아이의 여동생은 건너편 테이블에서 엄마, 아빠랑 저녁을 먹고 있는 제 또래의 아이들을 부러운 눈으로 바라보고 있었다. 주방에서 삼 남매의 얘기를 엿들은 주인아줌마가 급히 그 애들 앞에 나타났다. 그리고 고개를 갸우뚱하며 물었다. "너 혹시 인혜 아니니? 인혜 맞지? 엄마 친구야. 나 모르겠니? 영선이 아줌마. 한동네에 살았는데, 네가 어릴 때라서 기억이 잘 안 나는 모양이구나. 그나저나 엄마, 아빠 없이 어떻게들 사니?" 주인아줌마는 너무나 반가운 나머지 아이들의 얼굴을 하나하나 어루만지고 있었다. "인정이도 많이 컸구나. 옛날엔 걸음마도 못 하더니." 그제야 기억이 났다는 듯 굳어 있던 아이들의 얼굴에 환한 미소가 번졌다. "조금만 기다리고 있어. 아줌마가 맛있는 것 해다 줄게." 잠시 후 주인아줌마는 짜장면 세 그릇과 탕수육 한 접시를 내왔다. 아이들이 먹는 동안 그녀는 내내 흐뭇한 얼굴로 아이들을 바라보고 있었다.

"안녕히 계세요." "그래, 잘 가거라. 차 조심하구. 짜장면 먹고 싶으면 언제든지 와, 알았지?" 하며 아이들이 저만큼 갈 때까지 그녀는 손을 흔들어 주었다. 아이들이 간 뒤 남편은 부인에게 물었다. "누구네 집 애들이지? 난 기억이 안 나는데." "사실은 나도 모르는 애들이에요. 엄마, 아빠가 없는 아이들이라고 해서 무턱대고 음식을 그냥 주면 아이들이 상처받을지도 모르잖아요. 그리고 엄마 친구라고 하면 아이들이 또 올 수도 있고 해서." "그랬군. 그런데 아이들 이름은 어떻게 알았어?" "아이들이 말하는 걸 들었어요. 바로 주방 앞이라 안까지 들리던데요." "이름까지 알고 있어서 난 진짜 아는 줄 알았지." "오늘이 남동생 생일이었나 봐요. 자기는 먹고 싶어도 참으면서 동생들만 시켜 주는 모습이 어찌나 안돼 보이던지." 부인의 눈에 맺혀 있는 눈물은 금방이라도 흘러내릴 것만 같았다. 가난으로 주눅이 든 아이들에게 상처를 주지 않으려고 했던 아내를 보며 남편은 많은 생각을 했다. 그날 저녁의 감동은 기억 저편에서 아스라이 들려오는 풍금 소리처럼 지금도 그의 마음속 깊이 울려 퍼지고 있었다.[11]

---

11) 이철환, 《연탄길》, 삼진기획, 2000, 27~32p

형제자매 여러분! 참으로 감동적인 얘기입니다. 우리도 소리 없이 사랑해야 하겠습니다. 아이들에게 조금도 상처를 주지 않으려는 아름다운 마음, 이것이 바로 우리를 사랑하시는 하느님 아버지의 마음입니다. 주인아줌마 같은 아름다운 마음, 정말 그런 마음이 가득한 세상에서 살고 싶습니다.

오늘 복음에서는 모든 계명 중에 첫째가는 계명에 대해서 말씀하십니다. 주님께서는 "너는 마음을 다하고 목숨을 다하고 정신을 다하고 힘을 다하여 주 너의 하느님을 사랑해야 한다. 그리고 네 이웃을 너 자신처럼 사랑해야 한다."(마르 12,29-31)라고 말씀하십니다. 형제자매 여러분, 우리는 어떻게 눈에 보이지 않는 하느님을 사랑할 수 있겠습니까? 그것은 눈에 보이는 이웃 사랑을 통해서 할 수 있습니다. 특히 내가 만나는 이웃들, 때로는 밉고 만나고 싶지 않은 이웃을 그래도 용서하며 이해하고 보듬어 주며 사랑을 실천하는 것입니다. 조금 전 중국집 짜장면 아주머니처럼 도움이 필요한 이웃들에게 사랑으로 다가가는 것이 사랑 자체이신 하느님을 사랑하는 것입니다. 짜장면 아주머니처럼 소리 없이 사랑을 실천할 때 아스라이 울려 퍼지는 풍금 소리처럼 사랑이신 하느님 아버지의 심금을 울릴 것입니다. 하느님 아버지께서 정말 흐뭇하게 미소 지으실 것입니다.

형제자매 여러분, 오늘도 아스라이 울려 퍼지는 풍금 소리 들으며 짜장면을 먹고 싶습니다. 사랑으로 뺀 손짜장이 먹고 싶습니다. 벌써 침이 꿀꺽꿀꺽 넘어갑니다. 형제자매 여러분, 오늘 저와 함께 그런 손짜장 한 그릇 먹지 않으시렵니까?

"'마음을 다하고 생각을 다하고 힘을 다하여 그분을 사랑하는 것'과 '이웃을 자기 자신처럼 사랑하는 것'이 모든 번제물과 희생 제물보다 낫습니다."(마르 12,33) 아멘!

모든 것을 주는 사람은 모든 것을 받는다!

"모든 것을 주는 사람은 모든 것을 받는다." 이것은 인도의 위대한 시인 타고르의 아름다운 우화의 제목입니다. 이 우화의 내용을 보면 다음과 같습니다.

나는 이 집 저 집 문전걸식을 하면서 어떤 마을 길을 지나가고 있었습니다. 그때 멀리서 꿈속에서나 볼 수 있는 찬란한 빛을 발하면서 당신의 황금 마차가 나타났습니다. 나는 왕 중의 왕이신 당신이라고 생각하고 기쁨으로 가득 찼습니다. 나는 희망에 벅차 있었으며 다음과 같이 생각했습니다.

'불행한 날들은 다 지나갔다.' 나는 이미 당신의 자선을 기대하며 먼저 어디에 떨어질지 모르는 돈을 주우려고 준비를 하고 있었습니다. 마차가 내가 있는 곳에 와서 멈춰 섰습니다. 당신의 시선이 내게 와 멈추면서 미소를 지으며 당신은 마차에서 내렸습니다. 나는 내 인생의 행운이 드디어 왔다고 확신했습니다. 그런데 당신은 즉시 내게 오른손을 내밀며 이렇게 말했습니다. "내게 줄 것이 무엇이냐?" 거지에게 동냥을 위해 손을 내미는 것이 왕이 할 만한 일입니까? 나는 어리둥절했습니다. 얼떨결에 나는 내 식량 자루에서 조그만 곡식 한 톨을 꺼내 당신에게 주었습니다.

그런데 그날 저녁 나는 내 자루에 든 얼마 안 되는 곡식들 가운데서

> 금으로 된 작은 곡식 한 톨을 발견하고서 얼마나 놀랐는지 모릅니다. 나는 비통한 마음으로 울었습니다. 그리고 생각했습니다. '왜 나는 모든 것을 줄 용기를 갖지 못했었을까?'[12]

형제자매 여러분, 참으로 많은 것을 생각하게 하는 우화입니다. 제목이 그러하듯이 "모든 것을 주는 사람은 모든 것을 받습니다." 사렙타의 과부가 그러했습니다. 나보다 더 필요한 사람에게 먹고 죽을 양식이었지만 베풀었고 예언자의 말씀을 그대로 믿고 따랐습니다. 그 결과 오히려 자기가 베푼 것을 몇 배로 보상받았습니다. "주님께서 엘리야를 통하여 하신 말씀대로, 단지에는 밀가루가 떨어지지 않고 병에는 기름이 마르지 않았다."(1열왕 17,16)라고 했습니다.

오늘 복음 말씀을 보면, 예수님께서 어느 날 헌금 궤 앞에서 헌금하는 장면을 보고 계셨습니다. 그런데 돈 많은 부자들은 하느님께 화해의 제물을 봉헌하기보다는 자신을 드러내기 위해서 또 하느님의 자비를 돈으로 살 수 있다고 생각하고서는 거들먹거리며 봉헌했습니다. 그들과는 대조적으로 과부는 거의 아무것도 봉헌하지 못하고 겨우 동전 한 닢 값어치에 해당하는 렙톤 두 개를 바쳤습니다. 그러나 예수님께서는 "저 가난한 과부가 헌금함에 돈을 넣은 다른 모든 사람보다 더 많이 넣었다. 저들은 모두 풍족한 데에서 얼마씩 넣었지만, 저 과부는 궁핍한 가운데에서 가진 것을, 곧 생활비를 모두 다 넣었기 때문이다."(마르 12,41-44)라고 말씀하셨습니다. 왜냐하면, 그녀는 부자들처럼 남는 것을 봉헌한 것이 아니라 마지막 44절에서 말하고 있듯이 '생계

---

12) https://m.blog.naver.com/magicpink30/221558857160

유지'를 하기 위해 꼭 필요한 것까지도 다 바쳤기 때문입니다. 과부는 자기의 삶과 마음을 봉헌했고, 부자들은 다만 자기들이 가진 재산, 아마 과부들의 가산을 등쳐서 모아들인 것일지도 모르는 재산의 부스러기 정도를 바쳤을 따름입니다. 그러므로 오늘의 복음 말씀은 하느님의 자비에 온전히 의탁하기 위해서는 자신의 모든 것을 아주 구체적으로 포기할 수 있어야 함을 일깨워 줍니다. 더 나아가 순수하면서도 말없이 완전히 이루어지는 그러한 희생이 필요함을 강조하고 있습니다.

형제자매 여러분, 더 어려운 사람을 위해서 먹고 죽을 양식까지도 내어 주는 사렙타의 과부와 성전의 헌금 궤에 모든 것을 다 털어 봉헌하는 예루살렘의 가난한 과부 이야기는 우리에게 무엇을 말해 주고 있습니까? 이것은 하느님 앞에서 믿는 이들이 취해야 할 참된 태도를 상징적으로 보여 주고 있습니다. 그러므로 형제자매 여러분, 내가 믿는 하느님을 위해서 이들처럼 자신의 모든 것을 포기하고 희생을 기꺼이 감수, 인내할 수 있는 신앙인이 되어야 하겠습니다. 또한, 오늘 독서와 복음에 등장하는 두 여인은 모든 것을 주었기 때문에 자동으로 모든 것을 받게 되었다는 사실도 명심해야 하겠습니다. 그러므로 우리는 인도의 시성 타고르의 "모든 것을 주는 사람은 모든 것을 받는다."라는 우화에서 거지 주인공이 왕에게 '왜 나는 모든 것을 줄 용기를 갖지 못했을까?'라고 후회했듯이 결코 그런 후회하는 삶이 되지 않도록 노력해야 하겠습니다.

> "모든 것을 주는 사람은 모든 것을 받는다." 아멘.

아름다운 이 세상 소풍 끝내는 날

　우리는 지금 11월 위령성월을 지내고 있습니다. 그렇게 곱게 물들었던 단풍들도 이제 하나, 둘 떨어지고 앙상한 가지만 남을 것입니다. 갈대꽃도 활짝 피어 바람이 불 때마다 흩날립니다. 참으로 보기에 좋습니다. 낙엽들을 쓸어 모으면서 인생무상을 체험해 봅니다. 그렇게 푸르고 싱싱하고 무성하던 나뭇잎들도 단풍이 들어 떨어지듯 나도 언젠가 단풍이 들어 떨어져 바람에 흩날릴 것입니다. 이런 계절에 교회는 죽음을 묵상하면서 이 세상을 떠난 위령들을 위해서 기도하라고 권고합니다. 오늘은 당신 차례지만 내일은 내 차례가 될 것입니다. 그래서 위령성월은 어떻게 생각하면 내 죽음을 점검하며 준비하는 달입니다.

　형제자매 여러분, 혹시 여러분 자신의 장례미사를 한번 생각해 보셨습니까? 여러분을 알고 사랑하는 가족들이나 친지, 친구, 동창들이 얼마나 눈물을 흘리며 안타까워하며 여러분을 위해서 하느님 아버지께 자비를 바라며 기도하고 계시겠습니까? 여러분 자신의 장례미사나 고별식에 우리 신자들이 과연 얼마나 참석해서 애도하며 기도하겠습니까? 그리고 여러분 자신을 하느님께 맡겨 드리면서 장례미사에 참여한 분들이 뭐라고 한마디 하겠습니까? "참으로 열심히 성당에도 나오시고 레지오나 봉사 활동도 많이 하셨지. 참으로 이 세상을 잘 사셨어. 하느님 아버지께서 정말 기쁨으로 두 팔을 벌리고 하늘나라에 온 것을 환영하시리라. 언젠가 기쁨으로 부활을 통해 상봉하겠지. 친구여, 잘 가게. 언젠가 나도 하늘나라에 갈 수 있도록 하느님 아버지께 잘 말씀드려 주시게나."

형제자매 여러분, 정말 이런 소리를 듣는다면 얼마나 좋겠습니까? 그러므로 우리는 지금 이 순간부터 노력해야 하겠습니다. 우리의 죽음과 세상 종말은 오늘 복음 말씀처럼 "그날과 그 시간은 아무도 모른다. 하늘의 천사들도 아들도 모르고 아버지만 아시기"(마르 13,32) 때문입니다. 또한, 우리는 "너희는 사람의 아들 앞에 설 수 있도록 늘 깨어기도하라."라는 오늘 복음 환호송 말씀을 명심하면서 살아가야 하겠습니다.

형제자매 여러분, 올해는 단풍도 예쁘고 아름답게 들었다고 하는데 단풍 구경 다녀오셨습니까? 떨어지는 단풍도 예쁘고 저녁에 지는 노을빛도 때론 대단히 황홀하고 아름답습니다. 우리도 노년에 곱게 물들어 떨어지는 단풍처럼, 저녁에 지는 해처럼 곱게 찬란하게 노을이 진다면 얼마나 좋겠습니까? 우리도 단풍처럼, 곱게 물든 저녁노을처럼 아름답게 죽을 수 없겠습니까? 우리는 죽음을 두려워할 필요도 없습니다. 왜냐하면, 우리 주님께서 "나는 길이요, 진리요, 생명이다. 나를 믿는 사람은 죽더라도 죽지 않고 영원한 생명을 누린다."라고 말씀하시면서 부활의 삶을 보여 주셨기 때문입니다. 그러므로 "우리는 주님의 집에 가자 할 때 우리는 몹시 기뻤노라."라는 시편 노래를 부를 수 있는 성숙한 신앙인이 되어야 하겠습니다.

천상병 시인은 〈귀천(歸天)〉이란 시를 통해서 죽음이란 '아름다운 이세상 소풍 끝내는 날'이라고 말하고 있습니다. 어릴 때 소풍을 생각하면 마음도 몹시 설레고 하여튼 기뻤습니다.

귀천(歸天)

나 하늘로 돌아가리라

새벽빛 와 닿으면 스러지는

이슬 더불어 손에 손을 잡고

나 하늘로 돌아가리라

노을빛 함께 단둘이서

기슭에서 놀다가 구름 손짓하면은

나 하늘로 돌아가리라

아름다운 이 세상 소풍 끝내는 날

가서 아름다웠더라고 말하리라

참 잘 쓰셨습니다. '나 하늘로 돌아가리라 아름다운 이 세상 소풍 끝내는 날 가서 아름다웠더라고 말하리라' 이 세상 소풍 정말 기쁘고 즐겁게 잘 지내다가 하느님께 돌아가 아름다웠다고 말할 수 있는 그런 삶을 살아야 하겠습니다. 결코, 후회 없는 그런 삶이 되시기 바랍니다.

어미 닭이 달걀과 오리알을 함께 품어서 병아리와 오리 새끼가 깨어 났습니다. 오리 새끼는 함께 어미 닭을 졸졸 따라다니며 먹이를 찾곤 했습니다. 그런데 오리 새끼는 어미 닭이 아무리 잘해 줘도 불평불만 입니다. 항상 못마땅해합니다. 오리의 본능은 어미 닭의 품이 아니라 물에서 헤엄치며 사는 것입니다. 그것이 바로 기쁨이며 행복입니다.

그렇다면 인간의 행복은 무엇이겠습니까? 인간의 행복은 바로 하느님의 품 안입니다. 그렇지 않을 때 불행합니다. 그러기에 인간은 귀천(歸天)해야 합니다. 곧 인간은 천상 고향으로 돌아가야 합니다. 그것만이 우리의 행복이요, 기쁨이 되어야 합니다. "주님, 한번 제 말 좀 들어 보세요. 정말 이 세상 소풍 경치도 좋았고, 친구도 좋았고 맛있는 것도 많이 먹고 노래도 부르고 모두 다 좋았습니다. 주님, 정말 이 세상 소풍 즐겁게 잘 지냈습니다. 정말 아름다운 추억이었습니다. 이 은혜 무엇으로 갚아야 하겠습니까?" 이런 말씀을 드릴 수 있는 삶이 된다면 얼마나 좋겠습니까?

형제자매 여러분, 그런 삶이 되기 위해서 우리는 어떻게 살아야 하겠습니까? 첫째, 죽도록 사랑해야 하겠습니다. 사랑만 해도 시간이 없는데 왜 미워하고 시기하고 질투하고 다툽니까? 이보다 미련한 사람은 없을 것입니다. 그러므로 항상 웃으면서 사랑합시다. 왜냐하면, 사랑하면 예뻐지기 때문입니다. 둘째로, 감사해야 하겠습니다. 오늘도 이 세상 소풍을 보내 주셔서 감사합니다. 이 아름다운 세상 볼 수 있고, 맛있는 것 먹을 수 있고 지저귀는 아름다운 새소리를 들을 수 있고, 걸을 수 있다는 그것 자체로 감사해야 할 것입니다. 모든 것 하나하나, 아침에도 감사, 저녁에도 감사해야 하겠습니다. 왜냐하면, 감사하면 기쁘기 때문입니다. 감사하면 저절로 콧노래가 나오고 행복하게 됩니다. 셋째로, 최선을 다해야 하겠습니다. 최선을 다하면 주님께서 도와주시고 함께해 주시기 때문에 길이 반드시 열릴 것입니다. 형제자매 여러분, 그날과 그 시간은 아무도 모릅니다. 그러므로 죽도록 사랑하고 감사하며 최선을 다하는 신앙인이 되어야 하겠습니다.

"그날과 그 시간은 아무도 모른다. 하늘의 천사들도 아들도 모르고 아버지만 아신다."(마르 13,32) 아멘!

행복한 마음은 감사하는 마음

사람들은 누구나 행복을 추구합니다. 형제자매 여러분, 모두 다 행복하십니까? 형제자매 여러분, 과연 어떠한 사람이 행복한 사람이겠습니까? 부유한 사람이겠습니까? 공부를 많이 한 사람이겠습니까? 아니면 높은 명예나 남이 넘볼 수 없는 지위를 가지고 있는 사람이겠습니까? 저는 진정 행복한 사람이란 늘 감사하는 마음을 갖고 사는 사람이라고 생각합니다. 감사하는 마음이 없다면 마음속에 언제나 불만과 불평이 가득 차, 자신이 불행하다고 느끼게 될 것입니다. 자신이 불행하다고 느끼는 것보다 더 큰 불행은 없을 것입니다.

옛날에 여의도 광장에서 한 젊은이가 자동차를 질주해서 뛰노는 어린이들이 차에 치여서 죽고 다친 사건이 있었습니다. 더욱더 놀라운 것은 그 젊은이가 그런 일을 저지르고도 "행복하게 노는 이들을 모두 죽이고 싶었다."라고 담담하게 이야기했다는 사실입니다. 그 젊은이에게 세상 전체는 모두 자기 자신을 불행하게 만드는 요소였기 때문에 감사할 일은 눈곱만큼도 없었을 것입니다.

우리는 살아가면서 감사하는 일을 대단히 중요시합니다. 감사하는 것을 잊어버리거나 감사할 줄 모르는 이가 있다면 배은망덕하거나 은혜를 모르는 자라고 비난합니다. 물론 감사해야 하는 일이 있을 때 감사하는 것은 당연한 일이지만, 어려움과 시련을 겪고 있을 때도 감사하는 일이 과연 가능하겠습니까? 역경에 처해 있을 때, 고통을 겪고 있을 때, 여전히 감사하는 마음을 갖는다는 것은 인생의 중요한 전환점이 될 것입니다. 이 세상에서는 물질적으로 부족함이 없으면서도, 또한 세상 사람들이 존경하는 높은 위치에 있으면서도, 늘 번뇌와 불안에 싸여 있는 사람들이 많습니다. 그러나 가진 것도 없고 높은 위치에 있지 않더라도 "나는 행복하다. 늘 감사하다."라고 이야기하는 사람들도 있습니다. 왜냐하면, 행복이란 외적 조건에 좌우되는 것이 아니라, 마음에 따라 결정되기 때문입니다.

19살 예쁜 소녀가 있었습니다. 그런데 불행하게도 두 손이 없습니다. 두 손뿐만 아니라, 두 다리도 없습니다. 이 소녀가 아는 사람의 소개로 서커스단에 팔려 갔습니다. 입에 연필을 물고 글씨도 쓰고 그림도 그렸습니다. 넘어져도 오뚝이처럼 일어나 재주를 부리는 맹훈련을 했습니다. 때로는 서커스 단장으로부터 온갖 욕설과 매를 맞아 가면서 말입니다. 그래서 혼자 울기도 많이 울었고 자기를 낳은 부모님과 세상을 원망하기도 하였습니다. 그녀는 구더기도 아닌 세상의 천덕꾸러기가 되어 구경거리가 되었습니다.

그러나 세월이 지난 뒤에 TV 프로에 나와 이와 같은 슬프고도 시련 많았던 자기 과거를 되돌아보면서 다음과 같이 말했습니다. "숱한 고난을 참고 오늘까지 제가 살아온 것은 참으로 은혜입니다. 부모님의 은혜이며, 사회의 은혜이며, 지금까지 만났던 모든 분의 은혜입니다. 세상에서는 서커스 단장의 처사에 대해 불구자를 구경거리로 만들어 돈을 버는 부도덕한 짓이라고 비난할지 모르지만, 그 단장이 없었다면 나는 지금까지 살아오지 못했을 것입니다. '자기가 더럽힌 옷은 자기가 빨아 입어라. 자기 난롯불은 자기가 피워라.'라는 말을 어머니께 들었을 때 '얼마나 무정한 어머니이신가. 난롯불쯤은 피워 주셨으면 좋으련만.' 하고 원망했었는데, 지금 생각해 보면 그것은 어머니의 커다란 자비였습니다. 어머니 심정으로야 불을 피워 주시는 일은 아무것도 아니었을 것입니다. 그러나 당신이 살아 계신 동안은 불을 피워 주실 수 있다지만 돌아가시면 누가 제게 불을 지펴 주겠습니까? 어머님이 돌아가신 뒤에도 제가 괴로움을 당하지 않고 자수성가할 수 있도록 마음을 독하게 먹고 꾸짖어 주셨던 것입니다. 지금은 세상을 떠나신 어머님께, 서커스 단장님께 없는 손을 합장하고 감사하는 생활을 하고 있습니다."

형제자매 여러분, 그렇습니다. 행복하게 살아가는 한 가지 방법은 이렇게 어떤 경우에도 감사하는 마음을 갖는 것입니다. 그래서 바오로 사도는 "항상 기뻐하십시오. 늘 기도하십시오. 어떤 처지에서든지 감사하십시오."라는 말씀을 하셨을 것입니다.

어느 날 사제관으로 전화가 왔습니다. 느닷없이 "천당도 돈이 있어야 갑니까?"라고 해서 "형제님, 무슨 일이십니까?"라는 말이 채 끝나기도 전에 "무슨 일이 무엇입니까? 오늘 우리 아이가 헌금 돈 안 준다고 성당에 안 갔으니 말이요." 하면서 전화를 끊었습니다. 마음은 돈으로 잴 수가 없습니다. 정성도 돈으로 잴 수가 없습니다. 먹고 싶은 것을 사 먹지 않고 헌금하는 어린이의 1,000원은 과부의 두 렙톤처럼, 지갑에서 잡히는 대로 내는 어른의 만원보다 훨씬 값질 것입니다. '있는 것을 다 털어' 가진 것을 전부 바쳤기 때문입니다. 천국이란 그까짓 돈 몇 푼으로 얻어지는 싸구려 물건이 아닙니다. 그분 말씀대로 생각을 다하고 마음을 다하고 힘을 다해야 얻을 수 있을 것입니다. 자신의 일부라도 희생할 때 마음이 깃들고 정성이 담기는 법입니다. "지성이면 감천이다."라는 말이 있듯이 지극한 정성이 있어야 하느님께서 기뻐하시면서 현세에서도 백 배의 복과 은총을 내려 주실 것입니다.

정성이 클수록 나타나는 것도 으레 크고 훌륭하기 마련입니다. 지극하면 첫 것을, 제일 좋은 것을 먼저 또 기쁘게 감사하며 바칩니다. 아까워서, 마지못해서 바치는 것은 아무것도 안 바치는 것이고 도리어 하느님을 모독하는 결과를 낳을지도 모릅니다. 그래서 바오로 사도는 다음과 같이 말씀하십니다. "여러분이 마음으로 원해서 하는 일이라면 가진 것에서 얼마를 바치든지 하느님께서는 기꺼이 받으실 것입니다."(2고린 8,12) 그리고 또 "이 점을 기억하십시오. 적게 뿌리는 사람은 적게 거두고 풍성하게 뿌리는 사람은 풍성하게 거둡니다. 각각 마음에서 우러나는 대로 하되, 아까워하면서 내거나 마지못해 내는 일이 없어야 합니다. 하느님께서는 기쁜 마음으로 내는 사람을 사랑하십니다."(2고린 9,6-7)

형제자매 여러분, 그러므로 오늘 우리는 올해의 마지막 주일, 추수감사주일을 맞이하여 진정 기쁜 마음으로, 감사하는 마음으로 봉헌해야 하겠습니다. 아울러 감사하는 사람은 늘 행복한 사람이라는 것도 잊지 말아야 하겠습니다. 형제자매 여러분, 특히 오늘 그리스도 왕 대축일을 맞이해서 우리 주님을 언제나 우리의 왕, 나의 왕으로 받들어 모시도록 노력해야 하겠습니다. 아울러 그 왕께 최대의 흠숭과 사랑과 감사를 드릴 수 있도록 이 제사를 통해서 열심히 기도합시다. 아멘!

부록

고유 축일 · 대축일 · 기타

에이브러햄 링컨이 편지를 대필했습니다

새해 첫날 주님 대전에서 이렇게 만나니 참으로 반갑습니다. 새해 복 많이 받으십시오! 형제자매 여러분, 미국 역대 대통령 중에 위대한 인물로 추앙받고 있는 대통령은 많습니다. 그중 "국민에 의한, 국민을 위한, 국민의 정부는 지상에서 망하지 않을 것입니다."라는 연설로 유명한 대통령은 누구이겠습니까? 에이브러햄 링컨 (Abraham Lincoln, 1809~1865) 대통령입니다.

링컨 대통령이 미국 남북 전쟁이 한창일 때 종종 부상을 당한 병사들이 입원해 있는 병원을 방문했다고 합니다. 한번은 거의 죽음 직전에 있는 한 젊은 병사에게 의사들이 링컨 대통령을 안내했습니다. 링컨 대통령은 병사의 침상 곁으로 다가가서 그에게 물었습니다. "내가 당신을 위해 할 수 있는 일이 뭐 없겠소?" 병사는 링컨 대통령을 알아보지 못하고 간신히 이렇게 속삭였습니다. "저의 어머니에게 편지 한 통만 써 주시겠어요?" 그래서 다른 사람이 펜과 종이를 준비했습니다. 대통령은 정성스럽게 젊은이가 말하는 내용을 적어 내려갔습니다. "보고 싶은 어머니, 저는 저의 의무를 다하던 중에 심한 부상을 당했습니다. 아무래도 회복되지 못할 것 같군요. 제가 먼저 떠나더라도 저 때문에 너무 슬퍼하지 마세요. 존과 메리에게도 저 대신 입을 맞춰 주시구요. 신께서 어머니와 아버지를 축복해 주시기를 빌겠어요."

병사는 기력이 없어서 더 얘기를 계속할 수가 없었습니다. 그래서 링컨은 젊은이 대신 편지 끝에 서명을 하고 이렇게 덧붙였습니다. "당신의 아들을 위해 에이브러햄 링컨이 이 편지를 대필했습니다." 젊은 병사는 그 편지를 자기에게 보여 달라고 부탁했습니다. 그는 마침내 편지를 대신 써 준 사람이 누구인지 알고는 깜짝 놀랐습니다. 병사가 물었습니다. "귀하는 정말 대통령이신가요?" 링컨이 조용히 대답했습니다. "그렇소. 내가 대통령이오." 그런 다음 링컨은 자신이 할 수 있는 다른 일이 없는지 그에게 물었습니다. 병사가 이렇게 말했습니다. "제 손을 잡아 주시겠습니까? 그렇게 하면 편안히 떠날 수 있을 것 같습니다." 조용한 실내에서, 키가 크고 수척한 링컨 대통령은 청년의 손을 잡고 그가 숨을 거둘 때까지 그에게 따뜻한 용기의 말들을 나지막이 들려주었습니다.[13]

이 일화는 보는 이로 하여금 마음의 따뜻함과 편안함을 가져다주는 동시에 훈훈함을 느끼게 합니다. 한 나라의 대통령이 국가를 위해 싸우다가 부상을 당한 병사들이 입원한 병원을 자주 방문한다는 것은 쉽지 않은 일입니다. 거기다가 대통령이 직접 환자와 더불어 이야기를 나누면서 찾아서 도와주기까지 했습니다. 대통령이기 전에 한 인간으로서 죽음 직전에 있는 병사가 편안히 떠날 수 있도록 최후의 순간까지 손을 잡고 따뜻한 위로의 말을 건네주는 인간적인 모습은 정말 칭송할 일입니다. 역시 링컨 대통령은 세계적으로 존경받을 만한 훌륭한 인물이십니다.

형제자매 여러분, 우리는 오늘 링컨 대통령에 비할 바 없는 성모 어

---

13) https://m.blog.naver.com/ysk0519/222749717230

머님을 모시고 살아가고 있습니다. 그분은 곧 천주의 어머니이시고 우리의 어머니이신 마리아이십니다. 우리는 바로 이런 든든한 어머님을 모시고 있으므로 영광입니다. 언제나 우리에게 위로를 주시는 위로자이신 성모님! 언제나 우리에게 용기와 희망을 주시는 근심하는 이의 위안이신 성모님!, 에이브러햄 링컨 대통령은 죽어 가는 한 병사를 위해서 편지를 대필했습니다만, 천주의 모친이신 성모 어머니께서는 친히 직접 죄인인 우리를 위해서 하느님 아버지께 자비와 용서를 베풀어 달라고 말씀드려 주십니다. 지극히 깨끗하시고 순결하신 어머니로서 친히 우리를 위해 하느님께 빌어 주시고, 사랑이시고 탄복하옵신 어머니로서 자녀들의 아픔과 슬픔을 자신의 아픔으로 아시는 고통의 어머니이십니다. 또한, 신자들의 도움이시고 가정의 모후이신 성모님, 언제나 저희 죄인을 위해 하느님께 빌어 주시기 위해 동분서주하시는 어머니이십니다.

그러므로 우리는 새해 첫날을 어머님과 함께 시작하면서 찬미와 찬송을 드려야 하겠습니다. 더 나아가 우리의 어머님께 2024년 새해를 당신께 봉헌하오니 잘 지켜 주시고 보호하시고 이끌어 달라고 도우심을 청해야 하겠습니다.

임마누엘이신 당신 아들 예수님께서는 우리와 함께하시기 위해서 비천한 인간 육신을 취하셔서 이 세상에 오셨습니다. 그러기에 어머니 마리아는 임마누엘이신 하느님 아들의 모친이 되셨습니다. 또한, 무엇보다도 우리와 함께 동고동락하시는 어머님이 되셨습니다. 그러므로 우리는 어머님께 의탁하면서 다음과 같이 기도해야 하겠습니다.

"천주의 성모 마리아님, 당신의 아드님이신 예수님께 2024년 새해를 시작하는 저희를 위해서 언제나 잘 지켜 주시고 보호하시고 이끌어 주시도록 빌어 주소서." 아멘!

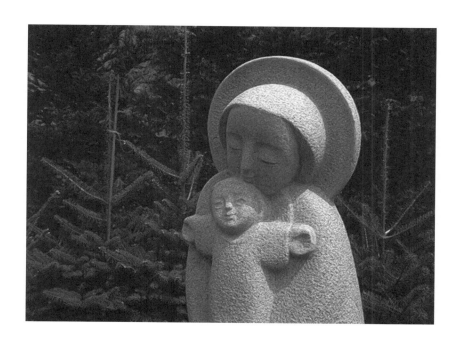

아버지를 팝니다

새해 복 많이 받으십시오.

지금으로부터 16년 전 어떤 신문에 1000억 원의 재산가가 "데릴사위를 구한다."라는 신문광고를 낸 적이 있습니다. 그래서 세상 사람들을 떠들썩하게 한 일이 있었습니다.(2007. 06. 11.) 그때 남자들의 신청이 빗발쳐서 이틀 만에 100여 명이 신청했는데 막바지엔 200명이 넘었다고 합니다.

이와는 반대로 어느 날 신문광고에 "아버지를 판다."라는 내용이 실려 있었습니다. 그 광고에는 아버지는 지금 노령이고 몸이 편치 않아서 일금 일십만 원이면 아버지를 팔겠다고 적혀 있었습니다. 많은 사람은 이 광고를 바라보고 혀를 끌끌 차며 "세상이 말세다."라고 말하는 이도 있었고, 다 늙은 할아버지를 누가 사겠냐고 쑥덕거렸습니다.

이 광고를 보고 부모 없는 설움을 지녔던 한 부부가 새벽같이 그곳으로 달려갔습니다. 대문 앞에서 몸매를 가다듬은 부부는 심호흡을 크게 하고 초인종을 눌렀습니다. 넓은 정원에서 꽃밭에 물을 주고 있던 할아버지가 대문을 열고서는 어떻게 왔느냐고 물었습니다. 부부는 할아버지를 바라보면서 신문광고를 보고 달려왔다고 말씀을 드리자, 할아버지는 웃음을 지으며 집 안으로 안내를 했습니다.

"아버지를 파시겠다는 광고를 보고 왔습니다." 젊은 부부는 또박또박 뚜렷하게 이야기를 했습니다. 할아버지는 빙긋 웃음을 지으시더니 "내가 잘 아는 할아버지인데, 그 할아버지 몸이 좋지 않아요. 그런 할아버지를 왜 사려고?"라고 말했습니다.

젊은 부부는 모두가 어릴 때 부모를 여의고 고아처럼 살다 결혼했기 때문에 부모 없는 설움이 늘 가슴에 남아 있었다고 했습니다. 아울러 아프거나 집안이 어렵지 않은 가정이라면 누가 아버지를 팔겠다고 광고를 내겠습니까? 비록 넉넉하게 살아가고 있지는 않지만 작은 가운데서도 아기자기하게 살아가고 있는 우리 부부에게도 아버지를 모실 수 있는 기회가 왔다 싶어서 기쁜 마음으로 달려왔다고 했습니다.

이들 부부를 물끄러미 바라보던 할아버지께서 고개를 끄덕이며 돈을 달라고 했습니다. 젊은 부부는 정성스럽게 가지런히 담은 흰 봉투 하나를 할아버지께 내어놓았습니다. 할아버지는 돈 봉투를 받아 들고 나서 그 할아버지도 정리할 것이 있어서 그러니 일주일 후에 다시 이곳으로 오라고 하셨습니다.

일주일 후 젊은 부부는 다시금 그 집을 찾아왔습니다. 기다리고 있던 할아버지가 반갑게 맞이하면서 "어서 오게나, 나의 아들과 며느리야." 하시면서 "사실! 내가 너희에게 팔렸으니 응당 내가 너희들을 따라가야 하겠지만, 너희가 이 집으로 식구를 데리고 들어오너라."라고 하셨습니다. 깜짝 놀란 부부는 양자를 데려오면 얼마든지 데려올 수 있지만 요즘 젊은이들이 돈만 알기 때문에 그럴 수 없었다는 할아버지의 이야기를 듣고서 이해가 되었습니다.

젊은 부부는 "저희에게 아버지로 팔렸으면 저희를 따라가셔야지요. 비록 저희는 넉넉하게 살지는 않지만, 그곳에는 사랑이 있답니다."라고 고집했습니다. 할아버지께서는 진정 흐뭇한 마음으로 "너희는 참으로 착한 사람들이다. 너희가 부모를 섬기러 왔으니 진정 내 아들이다. 그러니 내가 가진 모든 것은 곧 너희 것이다. 이것은 너희가 가진 아름다운 마음 때문에, 복을 불러들인 것이다."라고 하시고는 기뻐하시며 자식들의 절을 받았다고 합니다.

형제자매 여러분, 현대 사회에서는 참으로 찾기 어려운 감동적인 이야기입니다. 늙은 부모를 모시기 어렵다고 아들, 며느리가 제주도로 구경 가서, 어머니를 떼어 놓고 부부만 빠져나온 사례와 비교하면 너무나도 대조적입니다. 부모와 어르신에 대한 경로효친의 착한 마음을 지닌 부부에게 내리는 하늘의 축복이 아닌가 생각됩니다.

오늘 복음에서도 도둑이 언제 올지 모르니까 깨어서 준비하라고 말씀하십니다. 하늘나라 준비는 무엇보다도 부모님께 효도를 통해서 할 수 있습니다. 성경 집회서에서는 "주님께서는 자식들에게 아비를 공경하게 하셨고, 또한 어미의 권위를 보장해 주셨다. 아비를 공경하는 것은 자기의 죄를 벗는 것이며, 어미를 공경하는 것은 (하늘에) 보화를 쌓아 올리는 것이다."(집회 3,3-7)라고 말씀하셨기 때문입니다. 효는 화목한 가정, 단란한 가족, 밝은 사회를 만드는 기초입니다. 또한, 효는 사랑과 존경으로 어버이를 섬기며 형제자매, 친인척과 우애롭게 지내고 더 나아가 웃어른을 공경하고, 이웃과 화목을 이루게 합니다.

오늘 설 명절을 맞이하여 세상을 떠나신 조상님들과 부모님, 형제, 친척, 은인들의 영원한 안식을 위해서 열심히 기도합시다. 또한, 효성스러운 자녀가 될 것을 다짐하면서 형제간에 우애 있는 가정이 될 수 있도록 이 제사를 통해서 열심히 기도합시다. 아멘.

성부와 성자와 성령의 이름으로 아멘!

형제자매 여러분, 어느 정신병원 앞뜰에 있는 나무 위에 한 환자가 올라가 자살 소동을 벌였습니다. 경찰이 출동해 안전 장비를 설치하고 환자를 설득했지만, 전혀 소용이 없었습니다. 병원과 가족, 경찰은 할 수 없이 종교의 힘을 빌려 보기로 했습니다. 첫 번째로 스님이 오셔서 목탁을 두드리며 염불을 드렸지만, 환자는 끄떡도 없었습니다. 다음엔 목사님이 와서 무릎을 꿇고 기도를 드렸지만, 환자는 역시 미동도 하지 않았습니다. 마지막으로 신부님이 오셔서 말없이 환자를 바라보며 성호경을 그으며 강복을 주었습니다. 그런데, 환자가 조용히 나무에서 얼른 내려왔습니다. 그 이유가 무엇이겠습니까? 신부님이 손을 들어 위에서 아래로, 왼쪽에서 오른쪽으로 강복하는 모습을 이렇게 생각해서, 잽싸게 내려왔다는 것입니다. "너, 나무 위에서 내려오지 않으면, 이 나무 싹 잘라 버린다!"

하여튼 '성부와 성자와 성령의 이름으로' 강복을 줬는데 그 위력이 대단합니다. 오늘은 한 분이신 하느님께서는 성부, 성자, 성령이신 3위가 계시지만 서로 높고 낮음도 없고 먼저도 후도 없고 오로지 한 몸을 이루고 계시다는 것입니다. 우리는 이 교리를 무엇이라고 하지요? '삼위일체 교리'라고 합니다. 성부, 성자, 성령이신 3위는 본체로서 한 몸을 이루고 계신 분이십니다. 우리는 이 성삼위의 이름으로 세례도 받고 수없이 성호도 긋고 강복도 받았습니다.

다음은 어떤 신자의 고백입니다.

저는 오래전에는 밖에서 비신자들을 만나거나 사람들을 만나서 식사를 하거나 음식을 먹을 때 성호를 긋지 않았습니다. 왜 그랬는지는 지금도 모르겠습니다. 아마 부끄러워서 그랬지 않나 생각됩니다. 하지만 지금의 저는 아무리 사람이 많은 곳이라고 하더라도 음식을 먹을 때 성호경을 긋습니다. 그리고 자랑스럽게 긋습니다. 신앙은 주눅이 들면 안 됩니다. 많은 신자 형제들과 밖에서 만나 음식을 먹을 때 성호를 긋지 않고 드시는 분들을 종종 만납니다. 그럴 때는 꼭 예전에 저를 보는 것 같아서 마음이 아픕니다.

형제자매 여러분, 성호를 긋는다고 뭐라고 할 사람은 아무도 없습니다. 그러기에 부끄러워할 필요도 없습니다. 혹시라도 밖에서 음식을 드시거나 기도를 하실 때 십자성호를 긋지 않고 식사를 하시는 일은 없으십니까? 어떤 사람은 부끄러워 넓적다리에 십자가를 그었다고 하는데 물론 그런 신자는 없으시겠지요?

십자성호는 삼위일체이신 하느님을 부르며 구하는 아름다운 기도입니다. 우리가 하느님을 부끄러워한다면 나중에 우리가 죽어 하느님 앞에 설 때 하느님이 우리를 부끄러워하시면 어떻게 하시겠습니까? 우리는 순교자들의 후손이며, 순교자들의 후손답게 당당하고 우주의 주인이신 하느님을 흠숭하는 기도를 올려야 할 것입니다. 예전에 나를 보는 것 같아 마음이 아프다는 어떤 신자의 신앙고백을 상기하면서 우리 본당 신자들은 당당하게 당연히 성호경을 긋는 삶을 사시리라 믿습니다.

오늘 삼위일체 대축일을 맞이하여 성부와 성자와 성령의 이름으로 당당하게 성호경을 긋고 강복을 받을 수 있어야 하겠습니다. 성호경은 천주교 신자의 표시일 뿐 아니라 성삼위에 대한 신앙고백입니다. 그러기에 또한 오늘 복음 "그러므로 너희는 가서 아버지와 아들과 성령의 이름으로 세례를 주라."라는 말씀대로 실천할 때 "내가 세상 끝날까지 언제나 너희와 함께 있겠다."라는 약속대로 하느님의 사랑을 충만히 받을 것입니다.

형제자매 여러분, 삼위일체이신 성삼위의 이름을 당당하게 부를 때 언제나 성삼위이신 하느님께서 나를 축복해 주시고 삼위일체이신 하느님께서 모든 악의 세력을 물리쳐 주시어 우리 가정을 축복해 주실 것입니다.

"그러므로 너희는 가서 모든 민족들을 제자로 삼아, 아버지와 아들과 성령의 이름으로 세례를 주고, 내가 너희에게 명령한 모든 것을 가르쳐 지키게 하여라. 보라, 내가 세상 끝날까지 언제나 너희와 함께 있겠다."(마태 28,19-20) 아멘!

볼세나의 성체 기적과 오르비에또 성당

오늘은 그리스도의 성체 성혈 대축일입니다. 그리스도의 성체 성혈 대축일을 맞이하여 성체 성혈 대축일이 제정된 그 유래에 대해서 말씀드리겠습니다.

프라하의 베드로(Peter of Prague)라는 독일 신부님이 계셨습니다. 그 신부님은 경건한 사제로 알려져 있었으나, 축성된 면병 안에 실제로 그리스도께서 살아 계신다는 사실을 믿기가 어려워 항상 의심하면서 미사를 봉헌했답니다. 그런데 1263년 어느 날 로마로 성지순례를 가던 도중 볼세나(Bolsena)에서 묵게 되었는데 마침 순교자 성녀 크리스티나의 무덤 위에 세워진 성당에서 미사를 봉헌하게 되었답니다. 그 신부님이 미사를 열심히 거행하고 있었는데, 성체 축성을 하자 축성된 면병에서 피가 흐르기 시작하여 신부님의 손가락들을 적시고, 제대와 성체포(聖體布) 위로 흘러내렸습니다. 그래서 신부님은 몹시 당황했답니다. 처음에는 피를 감추려고 했으나, 곧 신부님은 미사를 중단하고, 마침 교황 우르바노 4세께서 머물고 계시던 이웃 도시 오르비에또(Orvieto)로 안내해 달라고 했답니다.

교황님께서는 베드로 신부의 보고를 듣고 나서 즉시 이 일을 조사하도록 성직자들을 파견하였습니다. 모든 사실이 밝혀졌을 때, 교황님께서는 그 교구의 주교에게 그 성체와 피 묻은 성체포를 오르비에또 주교좌 대성당으로 모셔 오도록 명하셨습니다. 추기경들과 대주교들, 그리고 그 밖의 고위 성직자들 앞에서, 교황님께서는 성체를 모셔 오는 행렬을 친히 맞이하시며, 성체와 성체포를 대성당 안으로 모셨습니다. 그래서 성혈이 묻은 성체포는 현재까지 오르비에또의 대성당 안에 정중하게 보관되어 전시되고 있습니다.

옛날에 이 성당을 영광스럽게도 순례한 적이 있습니다. 원래 성지순례 팀이 계획엔 없었으나 시에나에서 로마로 들어오다가 시간이 있어서 오르비에또 주교좌 대성당을 순례하면서 성체 기적이 일어난 피 묻은 성체포를 보고 사진을 찍어 온 적이 있습니다.

이 성체 기적으로 격앙되신 우르바노 4세 교황님께서는 성 토마스 아퀴나스(St. Thomas Aquinas) 신부님에게 성체를 공경하는 기도문을 짓도록 명하셨습니다. 이 기적이 있은 지 1년이 지난 1264년 8월에 우르바노 4세 교황님께서는 성 토마스 아퀴나스의 '성체 찬미' 기도문을 소개하시고, 성체 축일(the Feast of Corpus Christi)을 제정하셨습니다.

이렇게 해서 볼세나의 성체 기적은 우르바노 4세 교황님의 뜻에 따라 오르비에또 주교좌 대성당으로 옮겨 오게 되었고, 1264년 우르바노 4세 교황님께서는 특별 교서를 통하여 '그리스도의 성체 성혈 대축일'을 제정하셔서 오늘날까지 경축하게 되었습니다.

그 이후 성체 성혈 대축일 제정 700주년이었던 1964년 8월에 바오로 6세 교황님께서는 기적의 성체포가 모셔져 있는 오르비에또의 대성당에서 미사성제를 거행하셨습니다. 12년이 더 지난 1976년에 바오로 6세 교황님께서는 볼세나를 방문하셨는데, 그때 필라델피아에서 열리고 있던 제41차 국제 성체 대회에서 텔레비전을 통하여 "성체는 위대하고도 무한한 신비(A mystery great and inexhaustible)."라고 말씀하셨습니다.

형제자매 여러분, 오늘 복음에서 성체성사를 제정하실 때 "받아라. 이는 내 몸이다."(마르 16,22) "이는 많은 사람을 위하여 흘리는 내 계약의 피다."(마르 16,24)라고 하신 말씀대로 빵과 포도주가 실제로 주님의 몸과 피로 변하는 것은 정말로 위대하고도 무한한 신비입니다.

정말 그렇습니다. 위대하고도 무한한 신비가 주님의 성체와 성혈의 신비에 내포돼 있습니다. 그래서 성 토마스는 〈성체찬미가〉를 통해서 다음과 같이 노래하고 있습니다. 이 〈성체찬미가〉는 곧 나의 노래가 되어야 하겠습니다. 눈을 감고 마음속으로 따라 하시기 바랍니다.

엎디어 절하나이다.
눈으로 보아 알 수 없는 하느님,
두 가지 형상 안에 분명히 계시오나
우러러 뵈올수록 전혀 알 길 없삽기에
제 마음은 오직 믿을 뿐이옵니다.

보고 맛보고 만져 봐도 알 길 없고
다만 들음으로써 믿음 든든해지오니
믿나이다. 천주 성자 말씀하신 모든 것을.
주님의 말씀보다 더 참된 진리 없나이다.

십자가 위에서는 신성을 감추시고
여기서는 인성마저 아니 보이시나
저는 신성, 인성을 둘 다 믿어 고백하며
뉘우치던 저 강도의 기도 올리나이다.

토마스처럼 그 상처를 보지는 못하여도
저의 하느님이심을 믿어 의심 않사오니
언제나 주님을 더욱더 믿고
바라고 사랑하게 하소서.

주님의 죽음을 기념하는 성사여,
사람에게 생명 주는 살아 있는 빵이여,
제 영혼 당신으로 살아가고
언제나 그 단맛을 느끼게 하소서.

사랑 깊은 펠리칸, 주 예수님,
더러운 저, 당신 피로 씻어 주소서.
그 한 방울만으로도 온 세상을
모든 죄악에서 구해 내시리이다.

예수님, 지금은 가려져 계시오나
이렇듯 애타게 간구하오니
언젠가 드러내실 주님 얼굴 마주 뵙고
주님 영광 바라보며 기뻐하게 하소서.
아멘.

성모님의 별명은 하느님 자동

참으로 우리는 요즘 편리한 세상에 살고 있습니다. 모든 것이 자동 (自動)입니다. 쌀만 씻어서 안치면 밥이 되는 전기밥솥, 세탁물을 넣고 누르면 자동으로 세탁되는 세탁기, 온도 설정만 하고 스위치를 누르면 시원해지는 에어컨, 더워지는 온풍기 난로, 자동 청소기, 자동 자판기, 자동 전화 응답기, 외출했을 때 밖에서 집 안 모든 전자 기기를 작동해서 점검하고 자동으로 일을 시킵니다. 생일 축하도 자동인 세상이 되었습니다. 내가 가입되어 있는 카톡이나 사이트에서 자동으로 보내오는 축하 메시지들을 보면 알 수 있습니다. "정상업 님, 생일을 진심으로 축하드립니다. 일 년에 단 하루뿐인 생일, 피자헛과 함께 가장 특별한 날 보내세요. 피자헛 생일 기념 축하 5,000원 할인권 보내드립니다. 피자헛 드림."

형제자매 여러분, 오늘 복음 말씀을 보면, 마리아가 유다 산골에 있는 친척 엘리사벳을 방문하십니다. 아기를 못 낳는 여자지만 벌써 아기를 가진 지 여섯 달이나 되었다는 가브리엘 대천사의 얘기를 듣고 기쁨으로 달려가서 엘리사벳에게 문안을 드립니다. 엘리사벳이 마리아의 인사말을 들었을 때 그의 태 안에서 아기가 뛰놀았는데 엘리사벳은 성령으로 가득 차 다음과 같이 외쳤다고 합니다. "당신은 여인들 가운데에서 가장 복되시며 당신 태중의 아기도 복되십니다. 내 주님의 어머니께서 저에게 오시다니 어찌 된 일입니까? 당신의 인사말 소리가 제 귀에 들리자 저의 태 안에서 아기가 즐거워 뛰놀았습니다. 행복하십니다. 주님께서 하신 말씀이 이루어지리라고 믿으신 분!"(루카 1,42-45) 이런 칭송을 받았을 때 마리아는 "내 영혼이 주님을 찬송하고, 내 마음이 나의 구원자 하느님 안에서 기뻐 뛰니, 그분께서 당신 종의 비천함을 굽어보셨기 때문입니다."(루카 1,46-48)라는 마리아의 노래로 응답합니다. 이렇게 마리아는 당신이 칭송을 받았을 때 하느님 아버지께 찬미와 영광을 돌려드립니다. 그러기에 성모님은 '하느님 자동'입니다. 어떠한 경우에라도 주님의 종으로서 자동으로 응답합니다. 전화의 자동 응답기처럼 말입니다. 그러기에 어머니 마리아의 별명을 무엇이라고 지어야 하겠습니까? 성모님의 별명은 '하느님 자동'입니다.

형제자매 여러분, 그러므로 우리도 마리아처럼 자동으로 하느님께 영광과 찬송을 돌려드리는 신앙인이 되어야 하겠습니다. 더 나아가 어떠한 처지에서든지 감사와 찬미를 돌려드리는 신앙인이 되어야 하겠습니다.

형제자매 여러분, 우리 어머님 성모님은 한평생 자동으로 하느님을 칭송하고 응답하는 삶을 사셨습니다. 더 나아가 한평생을 주님의 종으로서 응답하는 삶을 사셨기에 그에 대한 보상으로 천국으로 불림을 받는 영광을 누리게 되었습니다. 우리 어머님 성모님은 예리한 칼에 찔리듯 그 아픔을 안고 한평생 사시면서 하느님 아버지의 뜻이라면 무조건 주님의 종으로서 응답하는 삶을 사셨습니다. 당신 아들 예수님이 사형선고를 받고 가시관을 쓰시고 채찍질과 침 뱉음으로 능욕을 당하실 때 십자가를 지시고 골고타 언덕을 오르실 때 동행하시는 그 아픔이 어떠했겠습니까? 십자가에 손과 발을 못 박을 때 그 울부짖는 아픔의 고통 소리에 어머님의 성심도 똑같이 못 박히시는 그 아픔을 느끼셨습니다. 십자가상 밑에서 눈물로 흐느끼는 어머니, 무엇으로 위로를 드려야 하겠습니까? 이 구속사업의 협조자로서 한평생을 사신 어머님께 아들 예수님께서 어머님께 하늘로 불러올리시어 영광의 월계관을 씌워 드린 날이 바로 오늘 어머님의 승천 대축일입니다. 어머님 축하드립니다. 찬미와 영광 받으십시오. 천상의 모후 마리아님, 기뻐하십시오. 다 함께 어머님께 축하의 박수를 보내 드립시다.

형제자매 여러분, 오늘은 영광스러운 어머님의 승천 대축일이자 또 무슨 날입니까? 우리나라의 8.15 광복절입니다. 일제의 36년간 억압에서 해방된 영광스러운 날입니다. 곳곳에서 태극기를 흔들며 대한민국 만세가 터져 나온 날입니다. 우리도 가만히 있을 수 있겠습니까? 다 함께 대한민국 만세 삼창을 외쳐 봅시다. 대한민국 만세!

형제자매 여러분, 오늘은 이렇게 어머님의 승천 대축일이자 광복절, 겹경사를 맞이했습니다. 참으로 영광스러운 날입니다. 형제자매 여러분, 예수님께서 당신 모친을 승천케 하셨으니 우리도 열심히 하면 이렇게 천상으로 불러올리실 것입니다. 이렇게 성모 승천은 희망과 기쁨의 축일이고 우리나라가 해방되었듯이 우리 모두도 죄로부터 해방되어 천상 기쁨을 누리게 될 것입니다.

그러나 천상의 모후 마리아님, 한 가지 부탁이 있습니다. 우리나라가 분단되어 아직도 통일을 이루지 못하고 있습니다. 성모님, 제발 하루빨리 남북통일을 이루도록 빌어 주십시오. 요즘 교황님의 방북 얘기가 나오고 있습니다만 하루빨리 교황님의 방북이 성사되어서 통일을 앞당기는 계기가 될 수 있도록 도와주십시오. 다 함께 따라 해 봅시다.

천상의 모후 마리아님, 저희 죄인을 위하여 빌어 주소서. 아멘!

천상의 모후 마리아님, 남북통일이 되도록 우리나라를 위해 빌어 주소서. 아멘!

인생 농사

올해도 한가위 명절을 맞이하여 많은 사람이 고향을 찾아왔습니다. 환한 둥근 보름달을 보게 될 것입니다. 우리 모두 둥근 보름달처럼 세상을 모가 나지 않고 둥글게 살아가면 좋겠습니다. 보름달은 원처럼 둥글게 생겼습니다. 원은 완전한 것을 얘기합니다. 모자람이 없이 충만함을 말합니다. "너희 하느님께서 완전한 것처럼 너희도 완전한 사람이 되어라."라고 예수님께서 언젠가 말씀하셨는데 먼저 한가위를 맞이하여 둥근 보름달을 바라보면서 우리도 완전한 사람이 되어야 하지 않겠습니까?

형제자매 여러분, 그러면 완전한 사람이 되기 위하여 우리는 어떻게 해야 하겠습니까? 첫째, 우리는 완전한 사람이 되기 위하여 하느님의 은혜에 감사해야 하겠습니다. 오곡백과의 결실을 주신 하느님께 감사해야 하겠습니다. 제때에 햇빛과 비를 주신 하느님께, 땅의 소출을 주신 하느님께 감사해야 하겠습니다. 그리고 둘째는 완전한 사람이 되기 위하여 조상님의 은덕에 감사해야 하겠습니다. 우선 조상님과 부모님은 나의 기원이자 뿌리입니다. 그러므로 무조건 감사해야 하겠고 만약에 이 세상을 떠나셨다면 영원한 안식을 위해서 열심히 기도해야 하겠습니다. 셋째는 완전한 사람이 되기 위하여 부모님께 효도해야 하겠습니다. 더 나아가 마지막으로 같은 뿌리에 가지를 뻗어 열매를 맺은 형제자매들은 우애를 다져야 하겠습니다. 정말로 화목하고 형제애를 다지는 가정이 되어야 하겠습니다. 그래서 하느님께서 "보시니 좋더라!"라고 말씀하신 바대로 하느님 아버지께 기쁨을 선물하는 한가위가 되어야 하겠습니다. 둥근 보름달의 충만함처럼, 하느님께 감사드리고, 조상님의 은덕을 기리고 부모께 효도하고, 형제애를 다짐으로써 둥근달처럼 밝고 우애 넘치는 충만한 한가위가 되면 참으로 좋겠습니다.

형제자매 여러분, 오늘 제2독서에서는 천사가 "'낫을 대어 수확을 시작하십시오. 땅의 곡식이 무르익어 수확할 때가 왔습니다.' 그러자 구름 위에 앉아 계신 분이 땅 위로 낫을 휘두르시어 땅의 곡식을 수확하셨습니다."(요한묵 14,15-16)라고 말씀하셨듯이 하느님 아버지께서는 언젠가 우리 인생의 수확을 하실 것입니다. 그러므로 우리는 인생의 중추절을 생각해야 하겠습니다. 여러분들은 그동안 살아오시면서 인생의 결실을 튼실하게 잘 맺으셨습니까? 농부가 기쁨으로 수확하듯 여러분의 인생 결실도 잘 영글어서 기쁨으로 수확할 수 있겠습니까? 정말로 기쁨으로 수확하려면 인생 농사도 잘 지어야 하겠습니다.

형제자매 여러분, 과연 인생 농사를 잘 짓는 그 비결이 무엇이겠습니까? 오늘은 그 비결을 여러분에게 알려 드리겠습니다. 맨입에 되겠습니까? 그 비결은 다름이 아니라, 오늘 복음 말씀을 보면 알 수 있습니다. "너희는 주의하여라. 모든 탐욕을 경계하여라. 아무리 부유하더라도 사람의 생명은 그의 재산에 달려 있지 않다."(루카 12,15)라는 말씀입니다. 인생 농사를 지을 때 탐욕의 비료를 절대로 뿌려서는 안 된다는 것입니다. 그런데 사람들은 인생 농사 잘 지으려고 욕심이 많아서 탐욕의 비료를 질소비료처럼 막 뿌려 댑니다. 그저 마음만 풍선처럼 부풀어 올라 망상에 사로잡혀 결국 터지고 맙니다. 그러므로 인생 농사 잘 지으려면, 탐욕을 경계해야 한다는 것입니다. 아무리 부유하더라도 재산이 생명을 보장해 주지 못하기 때문입니다.

　형제자매 여러분, 이 세상에는 수만 종의 동물이 살고 있습니다. 그 수많은 동물 중에 공룡이 왜 없어졌는지 알고 계십니까? 파충류인 공룡은 여러분도 아시다시피 몸집이 어마어마하게 큽니다. 제가 생각하기로는 닭대가리에 달린 작은 입으로 아무리 먹어 대도 코끼리의 큰 배를 못 채우듯이 공룡도 작은 머리에 달린 입으로 아무리 먹고 먹어도 거대한 몸통의 큰 배를 채울 수 없어 아마 굶어 죽지 않았나 생각됩니다. 그래서 공룡이 이 세상에서 사라지지 않았나 생각됩니다. 이것은 사실이 아니고 제 추측입니다.
　형제자매 여러분, 이 세상에 또 하나의 공룡 같은 동물이 있습니다. 그 동물이 과연 무엇이겠습니까? 바로 인간입니다. 바로 인간은 탐욕에 눈이 뒤집혀 과욕을 부립니다. 공룡처럼 먹고 또 먹어도 항상 배고프고 만족할 줄을 모릅니다. 결국, 이 탐욕에 눈이 멀어 나락으로 떨어지고 맙니다.

　형제자매 여러분, 농사일을 해 보셨겠지만, 농사를 짓는다는 것은 그리 쉬운 일이 아닙니다. 어려운 일입니다. 땡볕에 씨 뿌리고 물 주고, 거름 주고 잡초 제거하고, 병충해 방제하고 할 일이 상당히 많습니다. 역시 인생 농사도 똑같습니다. 스스로 희생하고 봉사하고 나눔을 실천함으로써 몸소 사랑을 실천하고 하느님과 어른들께 효도해야 합니다. 그러면서 먹고살기 위해서 부를 축적해야 하는데 항상 탐욕이 고개를 쳐들기 때문에 어려운 일입니다. 그러기에 탐욕을 경계하면서 무엇보다도 하늘나라에 재화를 쌓는 현명한 신앙인이 되어야 하겠습니다.

　그러므로 형제자매 여러분, 오늘 한가위를 맞이하여 근본을 알고 하느님 아버지와 조상님들께 감사드리며 부모님께 효도하면서 서로 형제애를 다지고 어려운 이웃과 함께 나누는 한가위가 된다면 참으로 좋겠습니다. 오늘 추석 명절을 맞이해서 조상님들과 이 세상을 떠나신 부모님과 형제, 친척, 은인들의 영원한 안식을 위해서 이 제사를 통하여 다 함께 열심히 기도합시다. 아멘!